O Economista
de Rua

O Economista de Rua

15 Lições de Economia para Sobreviver a Políticos e Demagogos

2022

Axel Kaiser

O ECONOMISTA DE RUA
15 LIÇÕES DE ECONOMIA PARA SOBREVIVER A POLÍTICOS E DEMAGOGOS
© Almedina, 2022
AUTOR: Axel Kaiser

DIRETOR DA ALMEDINA BRASIL: Rodrigo Mentz
EDITOR DE CIÊNCIAS SOCIAIS E HUMANAS E LITERATURA: Marco Pace
ASSISTENTES EDITORIAIS: Isabela Leite e Larissa Nogueira
ESTAGIÁRIA DE PRODUÇÃO: Laura Roberti

TÍTULO ORIGINAL: *El economista callejero*
TRADUÇÃO: Lorrane Fortunato
REVISÃO: Tamiris Maróstica e Marco Rigobelli
DIAGRAMAÇÃO: Almedina
DESIGN DE CAPA: Roberta Bassanetto, adaptado do original das Ediciones El Mercurio

ISBN: 9786587019505
Novembro, 2022

Dados Internacionais de Catalogação na Publicação (CIP)
(Câmara Brasileira do Livro, SP, Brasil)

Kaiser, Axel
O economista de rua : 15 lições de economia para sobreviver
a políticos e demagogos / Axel Kaiser ; tradução
Lorrane Fortunato. -- 1. ed. -- São Paulo : Actual, 2022.

Título original: El economista callejero
ISBN 978-65-87019-50-5

1. Economia 2. Economia - Análise - Estudo e
ensino 3. Economia - Aspectos morais e éticos
I. Fortunato, Lorrane. II. Título.

22-125928　　　　　　　　　　　　　　　　　　　CDD-330.01

Índices para catálogo sistemático:

1. Economia : Análise teórica 330.01

Eliete Marques da Silva - Bibliotecária - CRB-8/9380

Este livro segue as regras do novo Acordo Ortográfico da Língua Portuguesa (1990).

Todos os direitos reservados. Nenhuma parte deste livro, protegido por copyright, pode ser reproduzida, armazenada ou transmitida de alguma forma ou por algum meio, seja eletrônico ou mecânico, inclusive fotocópia, gravação ou qualquer sistema de armazenagem de informações, sem a permissão expressa e por escrito da editora.

EDITORA: Almedina Brasil
Rua José Maria Lisboa, 860, Conj.131 e 132, Jardim Paulista | 01423-001 São Paulo | Brasil
www.almedina.com.br

Aos sonhadores deste mundo.

Prefácio

Este livro é o resultado de muitos anos de leitura de gigantes da economia, cujas lições mais relevantes tentei sintetizar, de forma simples e breve, para leitores não especialistas e para o público em geral. Entre eles, destacam-se Friedrich Hayek, Ludwig von Mises, Joseph Schumpeter, Deirdre McCloskey, Milton Friedman, Frédéric Bastiat, James Buchanan, Henry Hazlitt, Jean-Baptiste Say, Jesús Huerta de Soto, Adam Smith e Israel Kirzner. Conceitos como "inovacionismo" e "destruição criativa" foram pegos de economistas como McCloskey e Schumpeter, enquanto as ideias de empreendedorismo, preços, capital, demanda, trabalho e livre comércio, entre muitas outras contidas nesta obra, foram baseadas nos escritos de Hayek, Smith, Huerta de Soto, Mises, Say, Kirzner e Friedman. O estilo simples e direto é fundamentalmente inspirado em Bastiat e Hazlitt, os maiores divulgadores da escola de economia liberal. A todos esses gigantes devo minha paixão e compreensão dos fundamentos da economia e da sociedade livre. Da mesma forma, devo às minhas leituras de economistas não liberais, como John Maynard Keynes e Karl Marx, terem fortalecido ainda mais o aprendizado oferecido por aqueles que inspiram esta obra.

Sumário

Prefácio — 7
Introdução — 11
Lição 1:
Trabalhar é Viver — 15
Lição 2:
Você Só Pode Viver do seu Próprio Trabalho
ou do Trabalho de Outra Pessoa — 19
Lição 3:
Oferta É Demanda e Demanda É Oferta — 27
Lição 4:
Quem Troca, Lucra — 35
Lição 5:
A Produtividade Determina a nossa Renda — 39
Lição 6:
O Valor É Subjetivo — 43
Lição 7:
Quem Paga o Salário São os Consumidores — 51
Lição 8:
Capital É Economia e Engenhosidade Aplicada — 61

Lição 9:
Dinheiro Não É Riqueza   71
Lição 10:
Os Preços São Informações   75
Lição 11:
Competição É Colaboração e Descoberta   85
Lição 12:
O Empreendedor É um Beneficiador Social   91
Lição 13:
Inovar É Destruir   101
Lição 14:
Comerciar Nos Enriquece   105
Lição 15:
Os Luxos de Hoje São as Necessidades de Amanhã   113

Conclusão   117

Introdução

Provavelmente não há disciplina mais importante para a vida cotidiana das pessoas do que a economia, ainda assim o analfabetismo e a incompreensão neste assunto são maiores do que em qualquer outro, exceto, talvez, pelas ciências naturais, normalmente estranhas à discussão pública. Não se trata simplesmente de que indivíduos sem muita educação ou hábitos de leitura ignorem princípios básicos de economia, como ocorre com História, Literatura, Filosofia, Direito e outras áreas das Ciências Humanas e Ciências Sociais. Com a economia há o curioso fato de que as elites mais esclarecidas tendem a ser as mais ignorantes no assunto. Um exemplo emblemático é o dos "filósofos políticos" que especulam sobre a redistribuição da riqueza, sem ter ideia de como criar a riqueza que procuram redistribuir, e menos ainda, dos efeitos que sua redistribuição produz em nome da "justiça social". Algo semelhante pode ser dito da generalidade dos artistas, que sonham em mudar o mundo a partir de meras emoções e impulsos, muitas vezes dando crédito a movimentos políticos devastadores. Certamente, na economia existem ideias conflitantes, por isso é razoável mencionar quais são os princípios fundamentais que devem ser compreendidos e aceitos pelo cidadão comum. Esse esforço se concentra em explicar esses princípios e conceitos básicos da Ciência Econômica.

O erro dos economistas foi não saber comunicar seus conceitos em uma linguagem simples, clara e acessível a todos os públicos, reservando-a para uma minoria de especialistas cujo jargão soa incompreensível e distante para as pessoas comuns. São economistas de salão que pouco fizeram para educar grupos mais amplos da população sobre sua área de atuação.

Este livro não pretende dar uma contribuição original à economia como ciência, mas busca divulgar lições econômicas que devem fazer parte da cultura geral. Assim, esta obra é voltada para o leitor comum, quer seja ou não esclarecido em outros assuntos. Como tal, se trata de um trabalho bastante limitado que não pode — e não deve — abranger o amplo universo de tópicos relevantes para a disciplina, tampouco pode se aprofundar muito no que aborda. Em vez disso, busca remediar o erro dos economistas de salão que concebem a economia como uma disciplina oracular exclusiva de certos especialistas, e tenta explicá-la e transformá-la em um modo de pensar tão generalizado quanto, por exemplo, a democracia.

O que precisamos neste momento — mais do que grandes especialistas debatendo em suas torres de marfim — são bons economistas de rua, capazes de exigir um mínimo de bom senso de políticos e formadores de opinião.

Não há dúvida de que se os cidadãos de qualquer país compreenderam questões econômicas essenciais e, sobretudo, pensaram em circunstâncias de escassez de recursos e custos alternativos, grande parte das patologias políticas que destroem suas próprias vidas — e das ideologias que arruínam sua liberdade —, eles não teriam sequer a chance de prosperar.

É necessário alertar que muitas das lições deste livro são contraintuitivas e implicam um sério esforço para conter as emoções. No entanto, se quisermos evitar a ruína de nossos países, não temos escolha a não ser superar, pela educação racional e pela linguagem simples, os preconceitos que prevalecem atualmente. Caso contrário, continuaremos a ser, uma e outra vez, vítimas da superstição econômica e da manipulação demagógica daqueles que exploram a ignorância generalizada sobre a única ciência que lida, de maneira geral, com aquilo que todos precisamos para sobreviver: os recursos.

LIÇÃO 1:
Trabalhar é Viver

Um bom economista de rua entende que o problema fundamental da existência humana é econômico. Essa afirmação pode ser muito pouco romântica, até mesmo materialista, e parecer absurda para aqueles que sustentam que a vida espiritual, os afetos ou o intelecto são mais importantes do que a mera economia. Mas, quando se diz que o aspecto econômico é essencial para a existência humana, afirma-se que, para viver, a primeira coisa que devemos resolver é a escassez de recursos. Comer, por exemplo, é uma questão econômica, pois implica obter ou criar recursos para sobreviver. Tudo o mais depende disso, inclusive a vida cultural e espiritual. Sem comida, pereceremos em pouco tempo. O alimento é um recurso escasso, que não se encontra de forma ilimitada como o ar que respiramos e que obtemos sem nenhum esforço. Por isso, o ar não é um recurso econômico, embora seja igual ou até mais importante que os alimentos.

As sociedades que atendem às necessidades básicas — alimentação, vestuário e moradia — de, pelo menos, alguns setores da população, são aquelas que dispõem de recursos para produzir arte, cultura, literatura e também ciências avançadas.

Assim como a produção de alimentos, o desenvolvimento de todas essas áreas dependerá de recursos escassos e, portanto, também fará parte do problema econômico.

Da mesma forma que alimentar-se é um problema econômico, poder ir à ópera, viajar, ter acesso a remédios ou ter um avião particular, também fazem parte do problema econômico, pois todos envolvem recursos limitados para satisfazer necessidades ou desejos individuais, mesmo quando alguns deles são mais importantes do que outros. Em poucas palavras, bens econômicos serão todos aqueles que estão em demanda e ao mesmo tempo em escassez. E, embora comer seja mais urgente do que ir à ópera ou ter um avião particular, todos compartilham o fato de serem parte do problema econômico. Nem comida, nem música, nem aviões são dados como o ar que respiramos.

Ora, o simples fato de o alimento ser um recurso limitado, ou seja, que deve ser produzido para satisfazer uma necessidade vital, nos obriga a trabalhar para obtê-lo. O mesmo ocorre com todos os outros recursos ou bens escassos que devem ser criados para satisfazer nossas necessidades ou desejos. Nesse sentido podemos dizer que viver e trabalhar são tão inseparáveis quanto o ar e a respiração. Antigamente, os povos caçadores e coletores saíam para buscar frutas e caçar seus alimentos, e para isso tinham que fabricar armas, desenvolver estratégias de caça, percorrer campos e florestas etc. Tudo isso implicava esforço e trabalho. No caso dos povos agrícolas, eles tiveram que desenvolver tecnologias de irrigação, construir canais, semear, colher e assim por diante. Algo similar acontece hoje, exceto que, graças ao livre mercado, nunca houve menos pessoas na miséria, na porcentagem da população mundial, apesar de sua multiplicação sem precedentes. A industrialização e a inovação nos possibilitaram viver melhor trabalhando menos horas, mas a necessidade de trabalhar não foi eliminada, porque os recursos para viver devem ser produzidos exatamente como eram há milhares de anos. Se no futuro a inteligência artificial permitir produzir quantidades suficientes de recursos, eventualmente o problema econômico poderia ser resolvido e ninguém teria que trabalhar. Todos poderiam se dedicar a atividades recreativas, porque os recursos para cobrir as necessidades materiais estariam disponíveis graças à produção feita por máquinas.

Mas enquanto isso não acontecer, um bom economista de rua deve ter claro que é preciso sempre trabalhar; e não em qualquer coisa, mas em trabalhos produtivos. Trata-se de realizar um trabalho que cria ou serve para criar bens ou serviços que outros demandem, pois somente isso permitirá que aquele que produz adquira parte do que os outros produzem para viver. Se uma pessoa se dedica a contar as nuvens no céu, ela não tem o direito de exigir que seja remunerada por isso, porque ninguém demanda ou exige que ela o faça. Se, em vez disso, ele se dedicar a fazer música que outros paguem para ouvir ou caçar pássaros cuja carne tenha procura para comer, então ele poderia obter uma renda, que lhe permitiria viver de seu esforço ou trabalho.

LIÇÃO 2:
Você Só Pode Viver do seu Próprio Trabalho ou do Trabalho de Outra Pessoa

Logo na primeira lição, um economista de rua entende que nossa própria existência implica um esforço produtivo, pois sem ele não poderíamos nem comer. Contudo, é fundamental deixar claro que existem basicamente duas maneiras de obter os recursos de que precisamos. A primeira depende do próprio esforço e a segunda do esforço de outra pessoa. Não há outra alternativa. Ou nos financiamos com nosso trabalho ou o fazemos à custa do trabalho dos outros; como acontece com as crianças, que vivem sob os cuidados de seus pais justamente porque não podem se sustentar, ou com os doentes que vivem do esforço de seus parentes, amigos ou outros. No entanto, existem adultos plenamente capazes que também vivem — ou pretendem viver — dos esforços de outros. E aqui, novamente, há apenas duas opções: ou obtêm os recursos apelando à caridade e à boa vontade dos outros, ou os obtêm à força, por meio de confisco coercitivo. Um economista de rua sabe que não há outras alternativas para quem aspira obter recursos de terceiros.

Por sua vez, o confisco coercitivo pode assumir a forma de roubo direto ou expropriação de bens por meio de um grupo organizado que o executa, como o Estado. E embora para certos filósofos libertários isso também equivalha a roubo, não nos interessa entrar na discussão ética desse processo, mas simplesmente verificar uma realidade econômica irrefutável.

Resumindo o que já foi dito, o princípio básico da economia é que recursos são necessários para a sobrevivência. Esses recursos devem ser produzidos por meio do trabalho e da inovação, uma vez que não estão livremente disponíveis na natureza. Sua produção pode ser feita por quem consome os recursos — sozinho ou colaborando com outros — ou por terceiros. Se obtivermos recursos de terceiros, podemos fazê-lo por meio de doação ou pegando-os à força.

Quem conhece esses princípios simples entende mais de economia do que grande parte da classe política e intelectual que costuma agir como se houvesse uma alternativa mágica para obter recursos que satisfaçam necessidades e desejos ilimitados. Essa alternativa mágica seria o Estado. Afirma-se muitas vezes que o Estado deve prover, gratuitamente, saúde, educação, moradia e muitos dos chamados "direitos sociais". Embora simpatize com essa posição, um bom economista de rua revela imediatamente a falácia econômica contida nela: o Estado não é um deus que pode fornecer recursos criando-os do nada. Se queremos saúde, educação e moradia gratuitas para todos, alguém deve trabalhar para criá-las ou produzi-las, já que todos dependem da criação de bens ou serviços econômicos, escassos e demandados. Contudo, como o Estado não é um ente mágico que produz riquezas, e sim, é constituído por seres humanos, deve então arrecadar impostos para obter esses recursos. Em outras palavras, como os políticos e funcionários do Estado não produzem recursos (apenas os administram e os consomem), deve-se extraí-los dos cidadãos para distribuí-los. Ao mesmo tempo, esses funcionários administrativos e políticos vivem graças à riqueza que tiram de quem produz, já que seus salários são pagos a partir daí.

Nada disso significa que o Estado seja desnecessário ou careça de razão para existir, mas apenas que a realidade econômica mostra que não pode entregar nada sem antes confiscar à força; e que o Estado só pode subsistir pelo confisco do que é produzido por outros. Dessa forma, a saúde, a educação, a pensão ou qualquer outro benefício que alguém receba do Estado, na verdade o está recebendo à custa do trabalho de outros, que produzem os recursos e a quem o Estado — formado por políticos e funcionários administrativos — recolhe deles (através de impostos) para serem transferidos. Por isso se diz que o Estado "redistribui" a riqueza e não que a cria. Caso contrário, poderia pagar impostos aos cidadãos e não o contrário. Tudo dito acima significa — e é essencial insistir nisso — que o Estado nunca é quem financia os cidadãos, porque quando dá algo a alguém, necessariamente o confiscou de outro. Por sua vez, isso implica que, quando se afirma que há um dever do Estado de prover, por exemplo, educação, o que está sendo dito — na realidade econômica — é que se tem o dever de que outra pessoa trabalhe para quem recebe educação ou qualquer outro direito (porque parte de sua renda é confiscada para cumprir com o direito de um terceiro). E embora essa realidade confiscatória não seja consciente naqueles que reivindicam direitos, é isso que eles exigem com os chamados direitos sociais. Contudo, pode haver razões muito boas para o estado fornecer educação gratuita para aqueles que não podem pagar por ela, mas esse não é o ponto em questão aqui.

O que um bom economista de rua deve entender é: primeiro, que os direitos sociais (como a educação) são um bem ou serviço econômico e, como tal, devem ser produzidos por alguém utilizando recursos. Segundo que, portanto, nunca são *grátis*; e terceiro, que se o Estado os concede — recursos — gratuitamente a um grupo de pessoas, pode fazê-lo porque inicialmente teve que tirá-los à força — impostos — de uns para dá-los a outros. Portanto, afirmar que se tem direito a algo gratuito do Estado equivale a afirmar que se tem direito sobre os frutos do trabalho de outros, pois o que se alega é uma transferência de recursos realizada pelo Estado coercivamente. O que se aplica à educação, vale igualmente para qualquer outro bem ou serviço, seja saúde, habitação ou pensão, pois todos requerem recursos escassos para sua satisfação.

Nesta segunda lição, um elemento-chave deve ser adicionado para se entender a lógica econômica. Se viver nos obriga a trabalhar e trabalhamos para viver da melhor forma possível, então é claro que o grande incentivo para nos levantarmos todos os dias e nos empenharmos no nosso trabalho será poder aumentar os recursos que temos disponíveis para nós e nossas famílias. Se fôssemos caçadores e buscássemos alimentos nas florestas, estaríamos, portanto, dispostos a trabalhar mais para acumular reservas para as estações em que a caça ou a coleta vão mal. Assim, garantiríamos que nossa família não morresse de fome. No mundo moderno, as necessidades são, obviamente, muito mais sofisticadas, mas o princípio econômico é o mesmo: nos esforçamos para gerar mais recursos para vidas melhores, tanto nossas quanto de nossas famílias. E, se nos esforçarmos para trabalhar mais e melhor para obter mais recursos e, no final, nos tirarem uma parte significativa dos frutos obtidos, então nosso incentivo para produzir diminuirá. Portanto, seria conveniente trabalhar o mínimo, já que o resto seria levado por outra pessoa. Esse é o risco causado pelos altos impostos que alimentam um grande Estado que concede direitos sociais a grande parte da população. Como esses recursos devem ser produzidos por alguém, e essas pessoas produtivas são desapropriadas, em maior grau, do que produzem, então decidiriam parar de produzir ou deixar a comunidade que tira grande parte do que é produzido para ir a outro lugar onde o fazem em menor grau. Ao mesmo tempo, se há cada vez mais pessoas que preferem viver do que os outros produzem, sem exigir nenhum esforço, então o incentivo não será trabalhar, mas sim esperar que alguém trabalhe para eles. Se aquele que semeia trigo para sobreviver é privado de seu grão para sustentar outras pessoas, então ele preferirá semear pouco ou esperar que outro semeie, para que ele também possa viver do esforço alheio. Quando isso acontece e a redistribuição se generaliza de maneira desmedida, todo o sistema de criação de recursos entra em colapso. Então as pessoas começam a morrer de fome, como acontecia nos regimes socialistas de propriedade coletiva, onde não havia propriedade privada e o que era produzido era quase inteiramente propriedade do Estado. É verdade que países com altos níveis de tecnologia e capital toleram uma maior redistribuição de riqueza, mas mesmo eles enfrentam problemas para atender à crescente demanda de recursos por grandes setores da população, enquanto aqueles que produzem riqueza muitas vezes optam por abandoná-los.

Um bom economista de rua entende que não se pode abusar da redistribuição, pois ela destrói a fonte de criação de recursos, gerando pobreza. Em outras palavras, o economista de rua sabe que os impostos devem ser moderados, caso contrárioa produção diminuirá e a sociedade empobrecerá.

Contudo, assim como uma cobrança excessiva de impostos destrói os incentivos à produção porque implica que quem produz fique com cada vez menos e o Estado com mais, este último também pode criar condições que facilitem a produção de riqueza. Pode-se dizer, sem exagero, que a grande condição para que os seres humanos possam concentrar-se na criação de riqueza — e depois artística, cultural etc. — é que a violência que somos capazes de exercer se encontra contida. Esse é, de fato, o principal problema da vida em comum: conter e mitigar a violência que qualquer grupo ou indivíduo pode exercer sobre outro. O Estado é definido como aquele grupo de pessoas que detém o monopólio da violência física considerada legítima dentro de um determinado território. Em outras palavras, somente o Estado pode aplicar a violência legitimamente e, em uma sociedade democrática liberal, deve fazê-lo de acordo com regras que protejam os direitos essenciais dos indivíduos. Os impostos que o Estado arrecada neste contexto servem para ter polícias, tribunais de justiça, prisões e forças armadas que combatem grupos violentos que procuram roubar bens, atentar contra a vida ou atentar contra a liberdade de outrem. Se o Estado cumprir bem seu papel, permitindo que as pessoas vivam em paz e sem ameaças, então o pagamento de impostos baixos, mesmo que seja um confisco forçado, será justificado. Caso contrário, aqueles que produzem teriam que desviar muita energia, tempo e recursos para combater aqueles que querem roubá-los ou atacá-los.

Um bom economista de rua entende, então, que o principal papel do Estado é garantir a ordem pública e manter a violência sob controle. Se não for bem-sucedido — como acontece com frequência em países subdesenvolvidos — o Estado pode se tornar simplesmente um grupo de saqueadores, cobrando impostos que são apenas uma forma de explorar quem produz riquezas para sustentar aqueles que se fizeram do Estado.

Tudo isso nos leva de volta ao ponto discutido acima: quando o Estado, que cobra impostos e obriga a pagá-los, falha em garantir a ordem pública e frear a violência de outros grupos, então se destroem os incentivos ao trabalho, o que acaba empobrecendo a sociedade em geral. Isso acontece porque ninguém trabalha para que outros o roubem. Da mesma forma, se o Estado como organização se torna o saqueador por excelência, a sociedade pode acabar arruinada. É importante ter em mente que isso acontece mesmo quando o Estado consegue conter a violência, criando o que se chama de "Estado de direito". Se neste contexto ele cobra impostos excessivamente para redistribuir, então destrói, da mesma forma, os incentivos à criação de riqueza. É que, no fim das contas, muitas pessoas viveriam à custa do que poucos produzem, em vez de viverem de seus próprios esforços.

LIÇÃO 3:
Oferta É Demanda e Demanda É Oferta

Na lição anterior ficou evidente que a renda só pode vir do seu próprio trabalho ou do trabalho de outra pessoa. E se vier deste último, só pode ser obtido à força ou voluntariamente, como poderia ser o caso de uma doação. No entanto, existe outra forma de utilizarmos os recursos dos outros: a troca.

Em um povoado, o caçador de lebres pode trocar parte de sua carne com o pescador de trutas. Essa troca voluntária é o que chamamos de mercado. Ao contrário da doação, onde se espera simplesmente um presente do outro e se apela à caridade, o mercado como troca pressupõe que ambas as partes produziram algo, ou seja, ambas trabalharam e depois trocaram voluntariamente. Contudo, a única razão pela qual a pessoa que caçou a lebre estaria disposta a trocar parte de sua carne pela truta, é porque ela valoriza a truta tanto ou mais do que a carne de lebre que está disposta a abrir mão. Se o caçador de lebres preferisse ficar com toda a sua carne, porque odeia peixe, não a trocaria voluntariamente. Ao trocar carne lebre por truta, o caçador está "comprando" a truta e ao mesmo tempo "vendendo" sua lebre. Por isso, em qualquer transação de mercado, ambas as partes são compradores e vendedores ao mesmo tempo. Daí também se explica que a procura de um produto, criada por outra pessoa, implica a existência de uma oferta de outro produto, gerada pelo demandante. A rigor, demanda e oferta são dois lados da mesma moeda: todo fornecedor é ao mesmo tempo um demandante e todo demandante é ao mesmo tempo um fornecedor. Se alguém oferece algo que ninguém quer, não poderá vendê-lo e, consequentemente, não receberá recursos para poder demandar o que outro produz. Por exemplo: um pintor conhecido poderá vender suas obras por milhares de dólares, o que lhe permitirá demandar muitas outras coisas, enquanto outro pintor, totalmente desconhecido, poderia não vender nem uma única pintura e, portanto, não receberia recursos para demandar outras coisas.

A ideia de que a demanda é apoiada pela oferta é contrária ao que sustentam algumas escolas de economia, que supõem que a demanda pode existir sem oferta prévia. Basta que o Estado gaste dinheiro, afirmam, para que se produza riqueza em tempos de crise. O problema, lembremos, é que o Estado não pode gastar recursos que não provenham de impostos previamente arrecadados.

Se voltarmos ao exemplo do povoado e aplicarmos essa lógica, o chefe do povoado teria que aumentar a produção de certos recursos (que não se produzem) por meio de subsídios. Poderia então confiscar a truta ou a lebre para dar, por exemplo, ao produtor de roupas de couro e estimular sua fabricação. Isso significaria simplesmente redirecionar recursos de um setor da economia para outro. Como consequência, na melhor das hipóteses, mais roupas serão criadas, mas ao custo de menos trutas e lebres disponíveis para oferecer aos demais. O caçador e o pescador terão, como efeito dessa redistribuição, menor capacidade de demandar outros produtos de terceiros, pois terão menos a oferecer, já que parte de sua produção será confiscada. Se eles costumavam adquirir armas, dando ao fabricante trutas ou lebres em troca delas, não poderão mais fazê-lo; e o fabricante de armas venderá menos arcos e flechas porque haverá menos demanda, já que os quilos de truta ou lebre com que lhe pagavam eram destinados, pelo chefe do povoado, para aumentar a produção de roupas de couro.

Como podemos ver, a única coisa que aconteceu com a redistribuição é que a capacidade de demanda do pescador e do caçador foi reduzida para aumentar, na mesma proporção, a demanda dos produtores de couro, que são os que recebem as trutas e lebres que eles tomaram dos anteriores. Então não há aumento líquido na demanda porque não há aumento líquido na oferta. Em outras palavras, não há aumento na riqueza total da comunidade porque, em última análise, a roupa de couro que é produzida adicionalmente é criada à custa dos arcos e flechas que não são mais produzidos. Mas, além disso, como a demanda está sendo controlada pelo chefe do povoado e, portanto, não tem lugar no mercado, é possível que o líder esteja simplesmente tentando beneficiar um parente que faz roupas e que tem pouco trabalho, porque os outros não precisam de seus produtos. Ou simplesmente o chefe está enganado ao pensar que a roupa de couro é tão necessária, pois, não conhecendo cada necessidade do povoado, não sabe a real quantidade que precisa ser produzida. Se as roupas de couro fossem tão necessárias, sem dúvida haveria uma demanda maior dela por parte daqueles que produzem outras coisas, e não haveria necessidade de estimular artificialmente sua produção. É por isso que os subsídios estatais são, em geral, distorcidos e atendem apenas aos beneficiários e não à sociedade em geral. Da mesma forma, as transferências também não são perfeitas no sentido de poder manter um efeito neutro sobre a quantidade total de riqueza criada, porque o pescador e o caçador terão menos incentivo para produzir, pois parte de seu trabalho será confiscado. Isso levará a uma queda na produção total de riqueza na sociedade, reduzindo a oferta e, portanto, a demanda por outros bens. Mas, além disso, se o chefe do povoado contratasse ajudantes para confiscar a carne e redistribuí-la, todos eles deveriam parar de produzir o que produziam originalmente e agora viveriam do que os outros produzem. Teriam que consumir parte do que foi confiscado, o que agregaria mais gente que não produz nada e vive do trabalho alheio, empobrecendo ainda mais a sociedade.

Todos os itens acima se tornam mais complexos quando o dinheiro é colocado na equação, mas o princípio econômico fundamental permanece o mesmo: imprimir dinheiro cria demanda no sentido de que as notas permitem que seu portador exija algo em troca, mas essa demanda não é real já que o portador desse dinheiro não produziu ele próprio nenhum bem para oferecer em troca do que exige. É por isso que países que imprimem dinheiro para aumentar a demanda, a única coisa que conseguem é a inflação, ou seja, os preços aumentam, pois há mais notas perseguindo a mesma quantidade de mercadorias. A sociedade não fica mais rica com esse processo, mas mais pobre, pois a inflação transfere a demanda ao entregar dinheiro para quem nada produziu e também gera muitas distorções no ciclo econômico ao alterar os preços relativos, que nada mais são do que as relações de troca de alguns bens e serviços produzidos com outros.

Um bom economista de rua entende que o aumento dos preços após o aumento da oferta monetária é inevitável, pois haverá mais dinheiro perseguindo a mesma quantidade de bens. Essa é a lógica do ajuste de preços: quanto maior a quantidade de unidades monetárias — dinheiro — que perseguem a mesma quantidade de bens produzidos em uma economia, maior o nível de preços; e vice-versa, quanto menor o número de unidades monetárias perseguidas pelos bens produzidos em uma economia, menor o nível de preços. Em outras palavras, maior poder aquisitivo de cada unidade monetária.

Como o dinheiro nada mais é do que um meio de troca, podemos afirmar que, em geral, um certo número de unidades que circulam na economia cumpre a função de qualquer outro. Dito de forma mais simples, se em uma sociedade todas as pessoas que têm dinheiro de repente veem sua quantidade aumentada em dez vezes, seu poder de compra real será exatamente o mesmo, pois todos terão dez vezes mais dinheiro; e, portanto, mantêm intacto o poder de compra que esse dinheiro lhes dá sobre os bens produzidos. A única diferença será que o valor de cada unidade será menor. Da mesma forma, se em uma sociedade todas as pessoas que possuem dinheiro virem a quantidade que possuem diminuir para dez por cento, haverá um décimo do dinheiro perseguindo a mesma quantidade de bens; com isso, os preços em geral cairão e, portanto, o poder de compra de todos permanecerá intacto. O popular jogo de tabuleiro chamado Monopólio pode servir para ilustrar o que foi dito acima. Se, de repente, todos os jogadores multiplicassem por dez vezes o dinheiro que possuem, não haveria diferença em sua posição no jogo, pois o número de propriedades que podem comprar permanecerá o mesmo (porque são limitadas). A diferença será que os preços subirão em termos nominais. Assim, o fato de a quantidade de dinheiro detida pelos jogadores ter aumentado dez vezes não significa absolutamente nenhuma melhoria em sua situação real como agentes de mercado. Seria muito diferente se apenas alguns aumentassem a quantidade de dinheiro que possuem, pois teriam vantagem sobre os outros, que não tiveram aumento. Se um jogador, por exemplo, trouxer notas ocultas de outro jogo idêntico e adicioná-las à sua, sem que os outros percebam, então esse jogador verá seu poder de compra aumentado à custa dos demais, que serão mais pobres. Em outras palavras, esse aumento artificial na oferta de dinheiro, que veio através do jogador trapaceiro, beneficiará apenas a ele. O efeito será que haverá menos propriedades disponíveis para outros comprarem. O que aconteceu é uma expropriação — roubo — da riqueza real ou poder de compra dos outros jogadores. É assim que funciona a mecânica da inflação criada pelos governos através dos bancos centrais. Se o governo dobrar o dinheiro de todos os habitantes de um país, criando-o através do banco central, as pessoas reagirão com muita alegria no início e com o dinheiro novo comprarão os produtos disponíveis no mercado. Mas diante da avalanche de novas compras, o que acontecerá é que a demanda por bens e serviços aumentará e consequentemente gerará um aumento de preços. A sociedade não estará melhor do que antes, pois a quantidade de bens — matérias-primas, bens manufaturados, alimentos — será exatamente a mesma e os preços dobrarão. Sendo assim, ninguém estará em uma situação melhor, porque de nada adianta ter o dobro do dinheiro se os preços também estiverem o dobro. No entanto, a realidade é um pouco mais complexa, pois verifica-se que haverá alguns que estarão melhores do que outros devido à inflação. E esses serão os que tiveram a chance de gastar o dinheiro antes que os demais. Esse grupo de pessoas poderá comprar bens e serviços aos preços vigentes antes da inflação e, portanto, o poder de compra de seu dinheiro será muito maior que o dos demais. O grupo de pessoas que compra mais tarde e vai à loja com o dinheiro novo descobrirá que os preços subiram e que o dinheiro novo não permite comprar muito mais bens do que antes. E assim o processo continua até que o último a comprar, ou seja, o último a colocar o dinheiro recebido em circulação, o fará quando os preços atingirem seu nível máximo. Como resultado, seu dinheiro valerá muito pouco. Dessa forma, quem gastou mais cedo se beneficiou em detrimento de quem gastou depois porque obteve dinheiro, ou seja, papéis que lhes permitem reivindicar parte do que outros produziram sem terem eles próprios contribuído com mais produção, ou seja, sem terem aumentado o que eles oferecem para ter o direito de reivindicar dos outros o que eles produziram. Os políticos recorrem à inflação justamente para conseguir financiar os gastos do Estado comprando coisas no mercado antes de todo mundo. Assim, eles evitam a medida impopular de aumentar os impostos, que são um confisco aberto da propriedade dos cidadãos. A inflação, por outro lado, é um imposto encoberto porque confisca parte da renda e da produção das pessoas, transferindo-a para o primeiro a receber esse dinheiro sem declará-lo abertamente.

Para resumir o que foi dito até aqui: no mercado, ou seja, nas relações de troca voluntária, todos os participantes se beneficiam. Quem entrega a carne de lebre recebe a truta que valoriza mais e quem entrega a truta recebe a carne que também valoriza mais. Ambas as partes compram e vendem ao mesmo tempo porque ambas produzem e fornecem simultaneamente uma à outra. É o que se chama de jogo de soma positiva (o famoso *win win*, ou ganha-ganha), pois nessa interação todos terminam em uma situação melhor. O roubo, por outro lado, é um jogo de soma zero: um se dá pior e o outro se dá melhor. O mercado, por meio de trocas voluntárias, é por definição um jogo de soma positiva, que melhora todas as partes envolvidas, desde que seja respeitada a propriedade de quem produziu.

A inflação, ou seja, a criação de dinheiro que entra em circulação, não enriquece a sociedade porque a quantidade de riqueza produzida não aumentou. Em outras palavras, não há mais oferta real de bens e serviços e, portanto, não há maior demanda real por eles, pois já vimos que para reivindicar algo que outra pessoa produziu, deve-se oferecer algo que se tenha produzido. O que há é um aumento artificial da demanda devido à criação de dinheiro que não está respaldada na produção. Isso leva a um aumento geral dos preços que beneficia apenas aqueles que recebem o dinheiro primeiro e podem gastá-lo antes que esses preços subam. Assim, a inflação é um roubo ou confisco disfarçado que transfere poder de compra de um para outro, que não enriquece a sociedade e até a empobrece devido a seus muitos outros efeitos nocivos.

LIÇÃO 4:
Quem Troca, Lucra

Esta lição refere-se ao conceito de lucro geralmente sem prestígio na discussão pública. Voltando ao exemplo da troca de truta por lebre, poderíamos nos perguntar onde está o lucro — o ganho — nessa troca. O lucro é um conceito subjetivo porque se refere a uma valorização subjetiva. Neste caso, quem recebeu o peixe lucrou porque obteve algo que valorizava mais, como a truta. E vice-versa: quem recebeu a carne lucrou porque a valorizava mais do que a truta. Como todo bom economista de rua adverte, em uma relação de troca ambas as partes sempre se beneficiam e, portanto, ambas as partes sempre lucram. Agora, note que nesta economia de troca não significa que qualquer quantidade e qualidade de lebre seja trocada por qualquer quantidade e qualidade de truta. Um economista de rua observará que o pescador não troca uma truta de dois quilos por dez gramas de lebre. Terá que haver uma negociação prévia, em que o pescador entrega a truta de dois quilos por, digamos, um quilo de lebre. Além disso, a carne de ambos deve estar em boas condições. A relação de troca de 2:1 entre truta e lebre poderia ocorrer, por exemplo, porque a carne de truta é mais abundante ou menos procurada do que a carne de lebre, com a qual o valor — preço — da lebre seria maior. Para ser exato, o preço de um quilo de lebre nessa troca equivale a dois quilos de truta. Aqui surge outro conceito que devemos incorporar — e que desenvolveremos em detalhes mais adiante —, que é o de que toda relação de troca implica, por definição, um preço, porque este expressa a avaliação subjetiva que ambas as partes têm do que trocam. O preço também nunca é fixo e muda constantemente. Se em um ano houver abundância de lebres e escassez de trutas, então o preço da truta aumentará em relação ao da lebre, podendo ser, por exemplo, de um para um. Da mesma forma, se uma doença afetar as lebres, tornando sua carne mais amarga, o preço da lebre cairá, mesmo que todo o resto permaneça constante. Inclusive poderia chegar até a zero, o que obrigaria o caçador a se dedicar a outra atividade, como, por exemplo, caçar pássaros.

Com essas primeiras lições simples, um bom economista de rua pode perceber algo que é essencial. Quando se diz que é imoral que certos direitos sociais como, por exemplo, educação ou saúde, estejam sujeitos ao lucro ou à ganância, acaba-se caindo no que poderíamos chamar de "armadilha do lucro unilateral". De fato, uma vez que os estudantes que querem ir para a universidade sem pagar por ela, entrariam em um relacionamento em que esperam que algo aconteça que os beneficie, mas sem dar nada em troca, apoiando-se na falsa crença de que não lucram recebendo educação. Mas a verdade, como explicamos, é que a educação é de fato um bem econômico, porque envolve recursos, é escassa e procurada. Isso significa que alguém deve trabalhar para que ela exista, pois obviamente as salas de aula, os computadores, os diversos serviços das instalações universitárias, os professores e os livros, não são gerados espontaneamente como o ar que respiramos. Como bens e serviços valiosos e escassos, devem ser obtidos à força, recebidos como presente ou pagos. Este último significa produzir algo para trocá-lo

— oferecê-lo — em troca do serviço de educação para que aqueles que produzem o que é necessário para dar educação, por sua vez, recebam algo em troca do que oferecem. Contudo, se compramos educação — saúde, moradia ou qualquer outra coisa — estamos lucrando porque valorizamos mais o que recebemos do que o que damos em troca. Exigir educação gratuita implica reivindicar lucro unilateral porque se obtém um benefício (algo valioso), mas sem dar nada em troca. Assim, a gratuidade só pode ocorrer por meio do confisco que o Estado faz por meio de impostos, o que, como vimos, implica em tirar parte do trabalho de alguns (que não se beneficiam diretamente), para entregá-lo a outros que se beneficiam ao receber educação. Observe que aqui estamos apenas estabelecendo a realidade econômica do processo e nenhum julgamento de valor foi feito sobre se é certo ou errado fazê-lo do ponto de vista moral.

O que deve ficar claro é que cada vez que se pede algo gratuito ao Estado, exige-se lucro unilateral por meio do confisco da propriedade alheia, ou seja, dos frutos do trabalho de outros, pois, como já vimos, nada é de graça. Pode haver boas razões para oferecer educação gratuita a quem não pode pagar por ela, mas não se pode afirmar que não há lucro unilateral quando o Estado transfere à força recursos econômicos que de outra forma só poderíamos obter produzindo algo para oferecer em troca. Assim, o argumento de que o lucro só é produzido por quem cobra pela educação é totalmente falso. A verdade é que quando alguém exige que algo seja gratuito, basicamente está pedindo que o lucro seja apenas para quem recebe esse algo, sem dar nada em troca, já que é pago por outra pessoa que viu parte de sua produção confiscada por meio de impostos. Deve-se acrescentar ainda que a mera existência de um bem econômico como a educação implica lucro, pois nada do que ela requer existiria se não fosse produzido para ser trocado. Que o Estado transfira a demanda para os estudantes, empobrecendo a quem cobra impostos, não muda em nada essa realidade. No mercado, os professores dão aulas em troca de salários, as editoras cobram pelos livros e assim por diante. Tudo que é oferecido pelos provedores de educação é feito para se beneficiar, ou seja, para lucrar. Contudo, como no caso do caçador de lebres — que lhe é tirado para subsidiar a produção de couro —, o fato de a universidade ser gratuita por decisão política significa que a demanda por ela é artificial porque quem recebe o bem diretamente não é quem paga por ele e, portanto, não exige necessariamente o que exigiria se pagasse por ele. Daí a inflação de carreiras, pesquisas e professores sem maior utilidade e que representam recursos potencialmente desperdiçados, que seriam economizados em um mercado sem subsídios. Assim, por exemplo, certas carreiras mais lucrativas, como a de direito, seriam preferidas a outras, como a antropologia, devido à lucratividade que permitiria obter aqueles que pagaram por elas.

Todos os itens acima não significam que distorções ou enganos não ocorram no mercado. A questão é que quando as pessoas pagam por algo, mais cedo ou mais tarde se descobre que há um engano e a empresa que faz algo assim é afetada ou vai à falência. Quando há uma demanda assegurada pela transferência coercitiva do Estado, por outro lado, o engano não é descoberto da mesma forma e a destruição de recursos se perpetua ao longo do tempo devido ao benefício recebido pelos grupos de interesse que vivem dessas transferências forçadas. Isso explica por que certos programas de gastos estaduais mal avaliados não são cancelados ou por que as empresas estatais que produzem prejuízos persistem por décadas.

LIÇÃO 5:
A Produtividade Determina a nossa Renda

Após as lições anteriores, um bom economista de rua terá claro que a renda, ou seja, a quantidade de recursos econômicos disponíveis para sustentar a vida, é uma função direta de nossa produtividade. Em outras palavras, o que somos capazes de gerar com nosso trabalho, e não a quantidade de trabalho que fazemos, é o que define a qualidade de vida que temos em termos de consumo. Pode-se trabalhar muito pouco e ser muito produtivo ganhando uma renda muito alta, ou pode-se trabalhar muito e ser improdutivo ganhando uma renda baixa. A diferença está na tecnologia, na criatividade, no capital humano e na habilidade pessoal.

Voltemos ao exemplo do povoado com o caçador e o pescador. Se o caçador é muito bom porque é habilidoso e rápido, pode, digamos, caçar uma lebre por semana. Sua renda será então de quatro lebres por mês. O pescador de trutas, por outro lado, pode não ter tanta habilidade para pescar ou tanta sorte ou ainda dedicar poucas horas a isso, e vai pescar uma truta a cada dez dias, ou seja, três por mês. Se assim for, o caçador de lebres será mais rico que o pescador porque vimos que 1 quilo de lebre equivale a 2 de truta. Assim, com quatro lebres por mês, 1 quilo cada, ele terá uma renda equivalente a 8 quilos de truta por mês. Enquanto o pescador terá apenas 6 quilos de truta por mês, pois ele pescará três trutas de 2 quilos cada, a cada 30 dias. Assim, apesar de ter mais quilos de carne — 6 quilos de truta versus 4 quilos de lebre — ele será mais pobre porque a truta é menos valorizada que a lebre no povoado. Sua renda, em relação ao preço da carne de lebre, será equivalente a 3 quilos, pois o total de seu trabalho de 6 quilos de truta será suficiente para comprar apenas 3 quilos de lebre por mês.

Suponha agora que o pescador de repente descubra uma técnica de pesca muito mais eficiente, pois ele fez uma rede com algum tipo de fibra vegetal e descobriu um lugar melhor para pegar mais peixes. Desta forma, consegue pescar seis trutas de 2 quilos por semana, o que o leva a multiplicar os seus rendimentos por oito já que agora terá 48 quilos de trutas — 6x2x4 — em vez dos 6 quilos que obtinha antes da sua invenção. Graças à tecnologia que o seu engenho lhe permitiu desenvolver, este pescador será agora mais rico que o caçador. Se a paridade de preços for mantida, agora a renda do pescador equivale a 24 quilos de carne de lebre, já que a conversão era de dois para um, para cada quilo de truta em lebre. Isso significa que o pescador agora será seis vezes mais rico que o caçador. Visto de outra forma, cada hora de trabalho produz mais riqueza, o que significa que, se assim o desejasse, o pescador poderia trabalhar menos horas porque produz mais por cada hora trabalhada. Mas não só isso. Com mais renda, esse pescador poderá contratar outras pessoas para ajudá-lo a pescar, confeccionando outras redes e colocando-as em diferentes pontos do rio. Desta forma, o aumento do rendimento do pescador traduz-se num aumento da riqueza de todo o povoado, não só porque agora ele contratará outras pessoas, que por sua vez terão rendimentos, mas porque haverá mais trutas para trocar, o que fará com que seu preço seja menor, tornando-as mais acessíveis.

A princípio tínhamos assumido que o preço da lebre e da truta permanecia o mesmo, mas acontecerá que, se houver mais trutas disponíveis, seu preço cairá em comparação com a lebre e outros bens produzidos no povoado. Consequentemente, não só o pescador será mais rico do que antes e mais rico também do que o caçador — embora em menor grau do que o preço de paridade —, mas também o caçador será, em termos absolutos, mais rico porque poderá comprar mais trutas devido ao preço dela ter caído. É fundamental entender este ponto: embora o caçador de lebres seja relativamente mais pobre, ou seja, comparado ao pescador que o superou em renda, ele será mais rico em termos absolutos, ou seja, comparado aos recursos que possuía para viver antes da invenção do pescador. Isso porque seus 4 quilos de lebre permitirão que ele compre mais trutas, já que seu preço caiu devido ao aumento da produção. Tudo isso se deve à invenção que o pescador desenvolveu para aumentar sua própria renda. Quando se diz que o mercado é um processo que enriquece toda a sociedade, significa que a busca do interesse individual resulta em maior bem-estar coletivo, como é o caso do nosso pescador. Portanto, é essencial que criadores de riqueza, inovadores, comerciantes e empresários possam ficar ricos, pois só assim eles podem tornar todos os outros ricos. Parar esse processo porque gera desigualdade implica condenar todos a permanecerem na miséria. Como vimos, o pescador não apenas forneceu mais trabalho, mas também melhorou a renda do caçador e de todos os outros membros do povoado, tornando a truta mais abundante e barata. É verdade que agora há mais desigualdade, mas todos estão mais ricos. Este, e não a igualdade, deve ser o objetivo de toda comunidade. Economicamente — e moralmente — uma sociedade de pessoas que têm mais, em quantidades desiguais, é melhor do que outra em que todos são pobres em quantidades iguais. O círculo virtuoso derivado da genialidade humana, se evidencia especialmente com o desenvolvimento da tecnologia. Bill Gates e a Microsoft enriqueceram o mundo inteiro, não apenas Bill Gates. Sem dúvida, a desigualdade cresceu e, durante anos, ele foi o homem mais rico do mundo. Mas a renda e a produtividade de todos aumentaram graças à invenção de Bill Gates e é claro que todos estaríamos mais pobres se, para impedi-lo de acumular tanta riqueza, o tivéssemos proibido de desenvolver a Microsoft ou tirado sua renda. Um bom economista de rua nunca prefere a igualdade à prosperidade porque entende que o que importa é multiplicar os recursos para todos e não impedir que alguns tenham mais do que os demais. Por isso celebra que haja ricos quando eles conquistaram sua fortuna, como o pescador ou como Bill Gates, sob regras de mercado bem estabelecidas e com engenhosidade, porque em última análise é na produtividade de cada um — e de outros — que depende a renda que recebemos.

LIÇÃO 6:
O Valor É Subjetivo

Mencionamos que o valor das coisas é subjetivo, mas é preciso parar e mergulhar nessa ideia, pois será uma das questões centrais na compreensão e conhecimento de um bom economista de rua. Quando se diz que o valor é subjetivo, refere-se, evidentemente, ao valor econômico e não ao valor moral, estético ou espiritual. Em outras palavras, o que se afirma é que os preços dos bens econômicos são produto do julgamento individual e subjetivo, de quem tem uma ou outra preferência dependendo de múltiplos fatores que vão desde necessidades biológicas até elementos psicológicos e culturais. Do ponto de vista econômico, não é relevante determinar esses fatores, mas o fato de que são os consumidores, pessoas comuns, que determinam o valor econômico — preço — das coisas de acordo com suas preferências. Algumas escolas de economia postularam que o valor é objetivo, ou seja, que é derivado de unidades quantificáveis que, no processo de produção, passam a fazer parte do bem comercializado. Por exemplo, para a escola marxista, a quantidade de trabalho em um determinado bem é considerada a fonte objetiva de seu valor. Assim, se um diamante vale mais do que um litro de água, apesar de a água ser muito mais útil, em termos absolutos, do que o diamante, é porque o diamante exige muito mais trabalho para ser obtido e processado do que a água. Mas se assim fosse, uma pintura de Vincent Van Gogh não poderia custar mais do que um diamante ou um avião, pois tanto o avião feito por centenas de pessoas quanto o diamante extraído de uma mina têm muito mais trabalho envolvido e, portanto, seu valor intrínseco deve ser maior que o da pintura. Agora, alguém poderia argumentar que o quadro é uma peça única e isso explica por que é mais caro. Mas se qualquer outra pessoa, além de Van Gogh ou alguém comparável, fizesse uma pintura única e a colocasse à venda, certamente receberia muito menos dinheiro por ela do que por uma do artista holandês. Imaginemos agora que um pintor habilidoso faça uma réplica da pintura de Van Gogh com as mesmas cores, materiais e levando o mesmo tempo para fazê-lo. Se o valor econômico fosse objetivo e derivado das horas de trabalho e dos recursos aplicados para produzir o bem, ambas as pinturas deveriam custar o mesmo. No entanto, o pintor que fez a réplica não poderá cobrar nem uma fração do que é conseguido pelo original. Por que isso ocorre? Simplesmente porque a fonte do valor está na mente das pessoas, é subjetiva e não objetiva. Em outras palavras, as coisas só valem porque os outros querem tê-las, simples assim. Não há explicação material objetiva para o fato de uma obra de Van Gogh custar cem milhões de dólares. Não há nada intrínseco na pintura que defina seu valor. Da mesma forma, a carne de porco pode ser muito valorizada na Alemanha, mas seu valor é muito menor nas comunidades muçulmanas, pois a religião as proíbe de comer carne de porco. Não importa quanto trabalho tenha sido dedicado à criação do porco, seu valor comercial será zero. Um cordeiro, criado talvez com menos trabalho, entretanto, terá um valor elevado, pois a carne deste animal é a principal fonte na preparação de vários pratos daquela cultura. Em suma, o preço ou valor econômico é determinado exclusivamente pela demanda dos produtos. Da mesma forma, os custos de produção de todas as coisas são determinados pela demanda por esses fatores de produção, que, por sua vez, decorrem das preferências subjetivas que levam à produção do bem final. Em outras palavras, o cacau tem valor porque o chocolate tem valor. Se ninguém exigisse chocolate, o preço do cacau seria zero ou próximo disso.

Outro exemplo que ajuda a entender melhor esse ponto é o seguinte. Vamos imaginar que descobrimos um cofre que contém uma fortuna de cem milhões de dólares em joias. Suponha agora que haja apenas uma chave para abri-la e que essa chave, que não pode ser replicada, custa cinquenta dólares em materiais e mão de obra. Vamos supor que haja um leilão para a chave. Quanto os participantes do leilão estariam dispostos a pagar por ele? Mil dólares? Um milhão de dólares? Noventa e nove milhões de dólares? Todos esses valores são prováveis. O que dá valor à chave, então, não é a quantidade de trabalho ou os custos envolvidos em sua produção, mas o fato de que com essa chave você pode acessar um tesouro desejado por muitos.

Contudo, a chave tem valor porque tem utilidade para quem a requere. Mas essa utilidade é subjetiva, pois um monge budista ou qualquer outra pessoa pode não ter interesse em acessar o tesouro que esconde a chave e tal leilão em um mosteiro pode não ter nenhum interessado. A chave valeria zero porque sua utilidade para os monges seria zero.

No caso do exemplo da garrafa de água no deserto, ela certamente tem uma serventia para os sedentos, mas isso não é absoluto, é relativo. Se a pessoa com sede tiver que escolher entre água e diamante, ela preferirá a água e pagará mais por ela, mesmo que custe muito menos para produzir do que o diamante. Se, por outro lado, a cada cem metros encontrar um estande onde possa escolher água ou diamantes, depois de acumular várias garrafas ele escolherá diamantes, pagando mais por eles do que por água. Esse processo de diminuição do valor — preços — é o que os economistas de salão chamam de "utilidade marginal decrescente", e é o mesmo que dizer que: quanto mais quantidade temos de algo que queremos, o desejo ou necessidade de tê-lo diminuirá e, portanto, não estaremos dispostos a pagar o mesmo preço que no início. Não se trata — precisamos enfatizar — que o valor econômico deriva da utilidade absoluta de algo, mas sim de uma unidade específica desse algo em um dado contexto. Em outras palavras, o que define o valor ou preço da água não é sua existência em si, mas sim sua presença em cada caso. Junto a um rio, ela não valeria o mesmo que no deserto, e inclusive se naquele lugar se descubra um oásis e a água seja mais abundante, então seu valor econômico cairia porque sua utilidade diminuiria. O valor é, portanto, uma função da utilidade subjetiva de uma coisa e sua escassez ao longo do tempo. O ar é útil como a água, mas não é escasso, por isso não tem valor econômico. Portanto, os valores de água e diamantes podem ser trocados dependendo das circunstâncias específicas de sua existência e de como atendem a uma demanda específica de acordo com preferências específicas. Em última análise, o valor deriva de uma combinação de utilidade e escassez. Há coisas úteis que não são escassas e que não têm valor econômico, como o ar, e há coisas escassas que não são úteis e não teriam valor econômico, como uma mesa irregular de cinco pernas.

Na prática, é a valorização de certas coisas que determina seu preço e também o custo do que é necessário para produzi-las, e não o contrário. Não é a comida que um *chef* famoso usa para cozinhar que define quanto custa o prato que ele prepara. É a demanda por seus alimentos que explica seu preço e também o dos alimentos usados para produzi-los. Quanto mais você pagar por um prato de cogumelos feito pelo *chef*, mais os cogumelos valerão, pois haverá mais demanda por eles. E isso é subjetivo, não objetivo, porque em princípio, a menos que novas tecnologias sejam incorporadas, custará o mesmo para produzi-los tendo mais ou menos demanda.

Essa ideia de valor subjetivo, embora pareça simples, foi revolucionária na história do pensamento econômico e é essencial para entender por que a economia livre é a única capaz de gerar progresso. A ideia errônea de valor econômico objetivo, por outro lado, lançou as bases para a nociva teoria da exploração capitalista. Para Karl Marx — e quase todos os economistas clássicos — o valor de troca de uma mercadoria depende das horas de trabalho necessárias para produzi-la. Se um carro vale mais que um lápis, é porque o carro exige mais trabalho. A madeira e o grafite necessários para fazer os lápis podiam ser trocados pelo aço e pelos materiais para fazer o carro, mas em quantidades diferentes. Por exemplo, uma tonelada de madeira e grafite teria o valor de troca de meia tonelada de aço e materiais próprios do carro. A questão é: de onde vem essa relação de troca? O que todas essas *commodities* — matérias-primas — têm em comum? A resposta para Karl Marx é o trabalho. Se uma tonelada de madeira e grafite custa metade do preço de uma tonelada de aço e outros materiais, é porque ela tem metade das horas de trabalho embutidas em sua produção. Se o carro, portanto, custa mil vezes mais que o lápis, é porque ele tem, digamos, mil horas de produção contra o lápis que só tem uma hora. O valor de troca, então, é acrescido pelas horas de trabalho.

Contudo, se o trabalho fosse realmente a fonte do valor de todos os bens comercializados e o capitalista pagasse aos trabalhadores o valor total criado por eles, então o capitalista não teria nenhum lucro. Se vender um produto por dez significa que esses dez são o valor criado pelo proletário e, portanto, ao pagar integralmente, o capitalista não ganharia nada. Mas o fato é que o capitalista tem lucro, o que requer uma explicação. Segundo Karl Marx, os trabalhadores vendem seu trabalho por dinheiro. O trabalho é, nessa perspectiva, um bem de troca limitado em quantidade como ferro, trigo, cimento ou qualquer outra *commoditie* do mercado. Portanto, assim como a quantidade de aço disponível na economia depende da quantidade de trabalho aplicada para produzi-lo, a quantidade dessa *commoditie*, chamada força de trabalho, depende, ao mesmo tempo, da quantidade de trabalho necessária para mantê-la. Todo trabalhador precisa de comida, roupas, abrigo e muitas outras coisas para sustentar sua força de trabalho. Os trabalhadores usam o dinheiro que recebem para pagar por elas. Isso significa que cada hora de produção gera um valor para o capitalista e um custo equivalente para o trabalhador, pois este deve investir em alimentação, vestuário e todos esses fatores para manter sua capacidade produtiva. Mas se o capitalista vende o trabalho aplicado do trabalhador por dez, a única maneira de ganhar dinheiro é pagar ao trabalhador menos do que o valor que ele mesmo criou, digamos, sete. Assim, se o trabalhador cria dez em valor com seu trabalho, e esse valor de trabalho é, ao mesmo tempo, o resultado do valor do trabalho necessário para produzi-lo, então a única maneira de o capitalista obter lucro, Karl Marx argumentaria, é pagar menos do que o valor do que é produzido, ou seja, menos do que custa aos trabalhadores criar as condições para poder produzir esse valor. Em outras palavras, segundo Karl Marx, os trabalhadores trabalham horas que agregam valor à mercadoria, mas que não são pagas pelo empregador, pois é assim que este obtém sua utilidade. Essa mais-valia seria expropriada pelo empregador, levando o trabalhador a ficar pior do que antes, pois o custo que ele tem para poder produzir essas horas é roubado pelo capitalista ao não lhe pagar. Os lucros, então, seriam produto da exploração e toda a riqueza que há na sociedade pertenceria apenas, em última instância, sustentava

Karl Marx, aos trabalhadores e nunca aos inovadores ou proprietários do capital. Ao mesmo tempo, segundo ele, os capitalistas tentarão aumentar a produção com capital fixo, ou seja, máquinas, o que os levará a demitir trabalhadores para cortar gastos e gerar mais produção e lucros. Como todos farão a mesma coisa, haverá uma competição frenética para acumular capital para substituir trabalhadores e aumentar a produção para gerar maiores lucros. Mas, de acordo com Karl Marx, como a fonte do valor é apenas o trabalho, os lucros diminuirão à medida que mais capital se acumular. Por sua vez, essa necessidade de gerar mais lucros quando declinam forçará os poucos trabalhadores que não foram substituídos pelo capital a serem ainda mais explorados, levando-os à miséria. Esta é a contradição essencial do capitalismo para Karl Marx: a busca de aumentar os lucros substituindo o trabalho pelo capital acabará por criar uma miséria generalizada no proletariado, criando como consequência o exército de trabalhadores empobrecidos que realizará a revolução socialista expropriando os meios de produção.

É evidente que toda essa previsão foi totalmente mal sucedida. Os países que mais acumularam capital viram a renda dos mais pobres aumentar até se tornarem ricos burgueses e nenhum deles experimentou uma revolução socialista, o que ocorreu em países pobres sem maior desenvolvimento capitalista como Rússia e China.

Na visão marxista, lucro, capital, inovação e competição, tudo o que um bom economista de rua entende como fundamental para o progresso social, são fontes de opressão e miséria. Pode-se dizer, sem exagero, que Karl Marx e todas as escolas anticapitalistas que o seguiram nunca entenderam nem os princípios mais básicos da economia e é por isso que a aplicação de suas ideias levou ao totalitarismo e à pobreza generalizada. Se Karl Marx e outros economistas clássicos tivessem entendido algo tão simples como que o valor é subjetivo, o marxismo nunca teria existido, pois todo o seu aparato teórico é baseado na ideia de que o valor é objetivo e que, portanto, o lucro corporativo é o produto da exploração. O marxismo e seus derivados, em outras palavras, baseiam-se em um erro intelectual. Embora poucos economistas de salão atualmente acreditem na teoria objetiva do valor, a mentalidade de que os empregadores se beneficiam às custas dos trabalhadores continua difundida. Como os marxistas, muitas pessoas, políticos, intelectuais, artistas e outros, acreditam que os empregadores exploram seus trabalhadores para obter lucro às custas de seu trabalho. Um bom economista de rua sabe que essa visão é essencialmente falsa, pois o valor é subjetivo e, em última análise, o salário não é pago pelo empregador, mas pelos consumidores, que são, por sua vez, trabalhadores. Na próxima lição vamos nos aprofundar nesse ponto para facilitar ainda mais sua compreensão.

LIÇÃO 7:
Quem Paga o Salário São os Consumidores

As teorias da exploração falham em entender que a fonte de valor em qualquer economia está na mente, ou seja, nos julgamentos subjetivos das pessoas. A produtividade que determina nossa renda refere-se à capacidade que temos de satisfazer essas necessidades e desejos derivados de nossas próprias avaliações subjetivas. Nesse contexto, a engenhosidade de poucos sujeitos, capazes de criar bens de capital, leva à elevação da renda de todos. O capital, portanto — ao contrário do que pensam os marxistas e muitos até hoje — é a fonte da prosperidade, e os empresários que o desenvolvem e acumulam são os agentes do progresso social. Os trabalhadores assalariados têm rendimentos que, como o pescador e o caçador no exemplo do povoado, são dados por sua produtividade e não pela exploração ou decisão arbitrária do empregador que detém o capital. Se uma pessoa do povoado está disposta a trabalhar com o pescador por, digamos, meio quilo de peixe por semana, é porque essa é a melhor opção que ele tem para aumentar sua renda. Se trabalhando sozinho ou com outra pessoa, tivesse renda maior, não decidiria trabalhar com o pescador. Este, por sua vez, não pode pagar qualquer salário que desejar. E, por outro lado, não pode fazer com que alguém trabalhe de graça. Assim, partindo de um salário equivalente a zero, terá que aumentá-lo até encontrar alguém que esteja disposto a trabalhar por uma determinada quantia. Da mesma forma, o trabalhador gostaria de ganhar uma renda quase infinita, o que tampouco seria aceito, então ele deve pedir uma quantia viável para o empregador. É nesse equilíbrio que o trabalhador e o empregador encontram um ponto de acordo em que ambos valorizam mais o que recebem do que o que dão em troca.

O empregador não tem poder nenhum, como alguns sustentam, sobre o trabalhador por ter mais riqueza. Bill Gates não pode forçar um engenheiro de Harvard a trabalhar por US$ 10 por mês só porque ele é infinitamente mais rico. O capital humano do engenheiro é tal que em outros lugares ele conseguiria pelo menos mil vezes mais. Esse capital humano é a sua capacidade produtiva e se esse engenheiro ganha mais do que uma pessoa que não cursou a universidade, é justamente porque pode produzir muito mais, o que mais uma vez confirma a tese de que a renda do trabalhador nunca é produto da exploração do empregador, mas na sua própria capacidade de gerar riqueza. Se fosse diferente, Gates poderia efetivamente pagar US$ 10 ao engenheiro de Harvard e forçá-lo a trabalhar para ele, explorando-o, já que a Microsoft tem muito mais poder do que o engenheiro. Embora historicamente tenham sido os socialistas que denunciam o capitalismo por sua exploração, a verdade é que o verdadeiro sistema explorador é o socialista. Em um país onde o Estado é o proprietário absoluto dos meios de produção, como ocorreu em toda a órbita comunista, o engenheiro de Harvard não teria a opção de decidir sobre seu trabalho porque não haveria concorrência. O partido comunista e sua elite controlariam tudo e seriam obrigados a contribuir com sua engenhosidade e o valor que é capaz de gerar ao Estado — ao partido — senão morreria de fome.

O Partido-Estado também lhe diria onde trabalhar, onde morar, quanto poderia ganhar, que posição ocuparia na estrutura, o que poderia consumir etc., tornando-o uma espécie de escravo, sem qualquer liberdade de escolha nas várias áreas de sua vida. Isso porque o partido controlaria os recursos econômicos que tornariam sua vida sustentável e também teria os meios coercitivos para forçá-lo a fazer as vontades dele. Além disso, um sistema de exploração como o socialista destrói os incentivos para criar riqueza e liquida o empreendedorismo e as trocas voluntárias no mercado. Isso explica por que nos países comunistas os salários não passam de algumas dezenas de dólares por mês, porque a miséria é a regra e porque centenas de milhares de pessoas querem fugir para os países capitalistas em busca de liberdade e melhor qualidade de vida. Basta lembrar que o Muro de Berlim foi construído pelos comunistas na Alemanha Oriental, para evitar que seus moradores fugissem para a Alemanha Ocidental capitalista, e não o contrário. Centenas foram fuzilados por tentar atravessá-lo e outros milhares foram mortos e torturados por outros atos de "rebeldia".

Mas não apenas a ideia de exploração capitalista que o socialismo defendia causou danos a milhões de pessoas. Embora em menor escala, o salário mínimo tem o efeito de empobrecer os mais necessitados. Como se supõe que o salário é o que o empregador paga arbitrariamente, buscam artificialmente aumentar os salários por lei, sem entender que fazê-lo condena ao desemprego todos aqueles que estão abaixo da margem de produtividade legalmente imposta. Se o pescador de trutas fosse obrigado a pagar ao seu ajudante duas trutas em vez de metade, seus custos de produção aumentariam, com isso seus lucros, ou seja, a quantidade de trutas que sobra, com a qual ele pode comprar outras coisas e investir para continuar desenvolvendo seu negócio, seriam menores. Em outras palavras, seria forçá-la a doar, do próprio bolso, aos seus trabalhadores, e tudo isso às custas do capital que pode acumular para aumentar a produção, gerando um aumento real dos salários para todos os demais. Se os trabalhadores realmente produzissem a renda imposta por lei, o empregador não teria que sacrificar os lucros, pois os cobriria com seu próprio trabalho. A razão pela qual o empregador, no entanto, demite trabalhadores quando eles aumentam artificialmente seus salários, é porque ele pode encontrar outros que custem o que a lei determina e também produzam o suficiente para cobrir seus custos. O pescador vai demitir os trabalhadores, que agora lhe custam duas trutas, para manter apenas os mais habilidosos, enérgicos e inovadores, cuja produção justifica pagar-lhes mais. Isso explica por que pessoas altamente qualificadas ganham tanto dinheiro, pois há uma demanda por sua capacidade de criar valor para a empresa. A concorrência no mercado eleva os salários desses trabalhadores, porque são muitos os que querem contar com sua capacidade. A lei do salário mínimo não os afeta em nada porque estão muito acima do valor legalmente estabelecido em termos de renda e, portanto, o empregador não deve aumentar seu salário. As pessoas menos qualificadas, por outro lado, são menos produtivas e são demitidas porque seu trabalho não cobre o custo que geram para o empregador. Assim, o salário mínimo condena os mais pobres à informalidade ao proibi-los de oferecer seus serviços em valores que reflitam sua produtividade real. Por essa mesma razão, é uma falácia falar de salários justos como muitas vezes é feito em alguns meios de comunicação. Os salários não são justos ou injustos, simplesmente são o que são: estão determinados pela produtividade, que é totalmente alheia a elementos como a necessidade das pessoas ou seu merecimento. Um médico pode ser herdeiro de uma grande fortuna e não ter filhos, e sua renda será maior do que a de uma mulher viúva, mãe de seis filhos e sem qualificação profissional, ainda que ela precise muito mais de um salário alto. Mas sua produtividade não lhe permite ganhar um salário, nem sequer parecido com o do médico. E é que, assim como o clima não é injusto ou justo, pois é um fenômeno que escapa ao controle humano, os salários são fenômenos que não dependem da decisão arbitrária de uma pessoa ou grupos de pessoas. Não pode ser promulgada uma lei que garanta um salário mensal de um milhão de dólares para todos. Ou, melhor dizendo, a lei pode ser promulgada, mas seu efeito final seria nulo em melhorar os trabalhadores e, de fato, os pioraria.

O fato de nem todos os trabalhadores poderem ter salários milionários não se deve à maldade do empregador, mas simplesmente ao fato de os recursos serem escassos. De fato, os salários não são determinados e — em última análise — nem mesmo pagos pelo empregador, mas pelos consumidores. Se o pescador não pode vender nenhuma truta, é porque já não são valorizadas e, portanto, não poderá oferecer qualquer salário ao trabalhador. Da mesma forma, se ninguém comprar produtos da Microsoft, a empresa deixará de existir e não poderá pagar salário a ninguém. No caso do exemplo anterior, se a clínica onde o médico trabalha decidir pagar pouco ao profissional e à faxineira muito mais, porque ela "precisa" mais do dinheiro e isso é considerado mais "justo", se destruiria todo o sistema de incentivos que permite que as pessoas compareçam àquele local para tratar doenças com bons profissionais. Como consequência, a clínica iria falir porque ficaria sem médicos, porque com certeza eles procurariam trabalho em outro lugar que lhes oferecesse um salário melhor.

Se fosse estabelecido, como regra geral, que a necessidade do trabalhador ou alguma ideia de justiça social deveria ser o critério para determinar a renda em vez da produtividade, toda a economia estaria arruinada, mergulhando milhões de pessoas na miséria. Quantos empreenderiam ou estudariam medicina se lhes dissessem que sua renda não dependeria do que contribuem, em valor, mas da necessidade de cada um? E quem decidiria quanto cada um recebe de acordo com o que se acredita ser justo? Somente uma ditadura totalitária poderia levar a cabo este plano. Foi precisamente o que aconteceu nos países comunistas quando aplicaram o lema de Karl Marx, que escreveu que no comunismo regeria o princípio "cada um segundo a sua capacidade e a cada um segundo a sua necessidade". Em outras palavras, ninguém tem o direito de ficar com o que produz, mas tudo pertence ao Estado — em realidade, ao partido — e é ele quem o distribui de acordo com o que determina ser justo. Esta seria uma economia centralizada que levaria à escravidão e onde os líderes partidários, obviamente, ficariam com o que os outros produzem, vivendo como milionários, graças à exploração do povo. Como observado, entendendo como funciona a produtividade, o economista de rua teria previsto exatamente a miséria e as ditaduras a que conduziria a ideia de que salários e renda deveriam ser "justos" ou "dignos" nos países que a aplicaram.

Em uma economia de pessoas livres, por outro lado, o empresário é um agente dos consumidores e são eles que lhe dirão quanto querem de cada coisa e quando. Ele deve escolher as pessoas que o ajudam a produzir o que os outros exigem, e ele lhes pagará mais ou menos, dependendo de quão bem cumpram o mandato do consumidor; e não do que é "justo" segundo um critério arbitrário. Voltando ao exemplo do povoado, se um dos trabalhadores tiver um talento especial para lançar as redes ou descobrir uma maneira melhor de fazê-las para que possam suportar mais peixes, o pescador que o emprega terá que pagar-lhe mais para mantê-lo em "sua empresa" e assim atender o que os consumidores exigem. Se não o fizer, outros pescadores, que são seus concorrentes, irão contratá-lo ou então este trabalhador engenhoso poderia começar seu próprio negócio sendo mais eficiente que o primeiro pescador. Isso porque, como dissemos, o empregador que concorre no mercado nunca obtém sua renda da exploração do trabalhador, como sustenta a corrente socialista ou comunista e costuma ser argumentado em discussão pública. Ele o obtém de sua engenhosidade para criar valor e da propriedade dos meios de produção que ele ou seus ancestrais desenvolveram ou herdaram. No caso do pescador, sua renda se deve à tecnologia que inventou para pescar mais trutas, já que a rede é um bem de capital e foi o que lhe permitiu gerar excedentes para contratar outros, escalando seu negócio para produzir mais. Isso significa que a empresa terá mais receita, pois pescará mais trutas, mas também poderá reduzir custos com novas invenções. Por exemplo, usando redes feitas de materiais mais resistentes e de maior durabilidade, o que economizará recursos que acabarão melhorando seu desempenho. Eficiência significa justamente usar menos recursos disponíveis para gerar mais recursos ou alocar melhor os que já existem. Em outras palavras, eficiência é conseguir criar mais com menos, objetivo que está presente entre os seres humanos desde o início dos tempos. O fato de haver inovação permite a existência de meios de produção de massa na era industrial e também explica por que existem assalariados. Sem capital e inovação não haveria empresas e sem empresas não haveria assalariados como os conhecemos hoje. Viveríamos em uma economia puramente de subsistência. Mais adiante nos aprofundaremos no papel do empresário, do capital e da inovação na economia, por hora, vamos completar a análise do pescador inovador, imaginando que não só ele, mas também o caçador, aumenta a produção.

Agora que o caçador vai conseguir mais truta por sua carne de lebre, já que há mais quantidade dela, ele será capaz de se manter de uma maneira melhor, então terá mais tempo livre para inventar uma fórmula que lhe permita criar lebres em currais. Tal como o pescador, esta invenção permitirá ao caçador produzir, digamos, 20 quilos de lebre por mês em vez dos 4 que costumava caçar. Isso significa, logicamente, que agora o preço da lebre cairá significativamente em relação a todas as outras coisas, porque haverá mais carne de lebre do que antes. Assim, não só ficará rico o caçador, que poderá comprar — trocar — sua carne extra por mais coisas, mas toda a sociedade que vê sua renda aumentar sem fazer nada. Somente devido a genialidade do caçador e sua nova maneira de criar lebres, todos estão em melhor situação, porque o que eles produzem será mais que suficiente para eles, pois a nova abundância de lebres como resultado da inovação reduzirá o preço. Assim, o pescador também enriquecerá porque sua truta poderá comprar mais lebre do que antes. O mesmo vale para seus trabalhadores que poderão trocar mais carne de lebre por menos peixe do que antes. De fato, antes eles não podiam se dar ao luxo de comer lebre porque era muito escasso e, portanto, muito caro. Mas agora eles poderão comer lebre porque sua produção aumentou e seu preço caiu. Assim, com o mesmo lucro pelo seu trabalho, meio quilo de truta por semana, eles poderão até optar por comer lebre, pois seu valor terá caído, igualando-se ao da truta. Os economistas referem-se a esse aumento de renda como um aumento dos salários reais, porque o fundamental não é quanto dinheiro se ganha, mas quanto podemos comprar com o dinheiro que ganhamos. Quando há inflação, as pessoas têm muito dinheiro, mas compra-se muito pouco porque, como vimos, a demanda por bens aumentou, mas a oferta não aumentou, ou seja, a produção de bens reais.

Agora, o caçador, graças à sua invenção, tornou-se criador de lebres e deve contratar funcionários que receberão um salário de acordo com sua produtividade. Certamente, o salário não pode ser muito alto no início, pois estamos falando de uma economia primitiva que está apenas começando a se desenvolver com invenções como as que descrevemos. O que é relevante considerar neste exemplo é que o salário de todos esses trabalhadores só pode existir na medida em que eles satisfaçam a demanda dos consumidores que desejam carne de lebre. Assim, da mesma forma que a demanda por chocolate define o preço do cacau, a demanda por carne de lebre definirá o salário de quem se dedica à produção de lebre. E, em ambos os casos, o valor econômico criado é inteiramente subjetivo, pois dependerá de que se satisfaçam as preferências subjetivas dos consumidores. O capital criado pelo pescador e pelo caçador — as redes e os currais — também será uma função da demanda do consumidor, assim como as máquinas de fazer chocolate. É este capital que permite aumentar os rendimentos de todos e será também ele que explicará os rendimentos do capitalista, cuja engenhosidade e capacidade organizativa permitiram a criação do bem de capital e da empresa.

LIÇÃO 8:
Capital É Economia e Engenhosidade Aplicada

Tendo em conta que o rendimento obtido é resultado da produtividade e que esta é função da capacidade de satisfazer as preferências subjetivas dos consumidores, é chegada a hora de explicar mais detalhadamente o que é o capital e qual a sua função. Vimos que nosso pescador aumentou significativamente sua renda graças à invenção de uma rede melhor para pescar trutas. Essa rede é o que se chama de bem de capital, pois seu objetivo é participar da produção de bens de consumo final. É fundamental enfatizar neste ponto que toda atividade econômica tem como objetivo final o aumento do consumo. Não faria sentido o nosso pescador ter desenvolvido a rede se não pretendesse aplicá-la para aumentar o seu rendimento em termos de pescado e o que o seu excedente lhe permite obter. O essencial é entender que são os bens de capital que nos permitem aumentar a produtividade e, portanto, nossa renda, ou seja, nossa capacidade de consumo. As máquinas levam a multiplicar a produção porque, tornando-a mais abundante e podendo oferecer uma quantidade maior, consegue-se que, em última análise, os preços desses bens de consumo caiam. As máquinas agrícolas são um exemplo. Ninguém quer ter um trator como um hobby, mas sim como um bem para trabalhar os campos e produzir, digamos, mais trigo em menos tempo. O mesmo acontece com várias tecnologias, infraestruturas, meios de transporte etc.

Vejamos agora o que torna possível a criação de bens de capital usando o exemplo do pescador. Dissemos que, inicialmente, este só conseguia pescar três trutas de 2 quilos por mês. Agora vamos supor que isso foi suficiente para ele se alimentar e que a pesca daquelas trutas ocupou todo o seu tempo disponível. Onde ele encontra tempo para se dedicar à confecção da rede, se precisa pescar para sobreviver? Se precisa passar vários dias fazendo a rede, simplesmente não poderá comer porque não pescará nada por tanto tempo. Aqui entra então o conceito de poupança tão crucial para a conformação dos bens de capital. Para fazer a rede, o pescador deve ter tido um subconsumo (consumido menos), ou seja, economizado por um tempo para ter recursos para se financiar — para se alimentar — enquanto a confeccionava. Parte do peixe que ele pegava todos os dias deve ser mantido em local fresco para poder parar de pescar e assim fazer a rede. Suponhamos que o pescador leve uma semana de trabalho para fazer a rede. Bem, se antes da rede nosso pescador vivia com 6 quilos de truta por mês, ou seja, 1,5 quilos por semana, então ele deve economizar 1,5 quilos para poder consumi-lo enquanto não tem tempo para pescar porque está fabricando a rede. Isso significa que durante três semanas ele terá que consumir apenas um quilo de truta, porque assim terá meio quilo sobrando por semana para economizar, o que lhe dará os 1,5 quilos que precisa para fazer sua rede com calma enquanto não pesca. Claro que isso implicará um grande esforço do pescador, que pode até passar fome para economizar. Depois de coletar o quilo e meio de truta extra, ele poderá fazer sua rede. E após essa restrição temporária de seu consumo, ele poderá, graças à nova rede (seu bem de capital), aumentar consideravelmente seu consumo, atingindo os níveis que descrevemos nas lições anteriores. Mas, além da economia, o pescador precisava usar um elemento único, que não se encontra no mundo material: a engenhosidade. Somente a criatividade permitiu que ele usasse os recursos economizados para desenvolver uma tecnologia como a rede. Graças a isso, ele e sua família finalmente puderam consumir mais, contratar pessoas e enriquecer todo o povoado, já que a truta era mais abundante, fazendo com que seu preço diminuísse.

Um bom economista de rua entende que em uma economia aberta, os donos do capital são aqueles que tiveram a inteligência de inovar, arriscando suas economias, ou são os herdeiros daqueles que o fizeram antes deles. É sobre esses empreendedores que toda a sociedade se ergue. Eles devem continuar fazendo esse trabalho de inovação permanente, caso contrário perderão os negócios que construíram, empobrecendo a si mesmos e à sociedade. Portanto, a exploração não tem nada a ver com a riqueza e o capital que se acumulam em algumas pessoas ou famílias. O capital não é trabalho acumulado como sustentam os marxistas. É economia e engenhosidade individual aplicadas. Quando há mercados abertos, esse capital, que gera tanta inveja em alguns, nada mais é do que o resultado da criatividade de uns poucos indivíduos que produzem riqueza para todos. Por isso é tão absurdo atacar o capital, ou os ricos. Da mesma forma, as ideias que propõem impostos de cem por cento sobre heranças ou fortunas são prejudiciais, pois apenas punem a acumulação de capital sob o argumento de reduzir a desigualdade, o que iria acabar empobrecendo toda a sociedade. Se todo o povoado estivesse zangado com o pescador porque ele conseguia acumular mais renda do que os outros e, motivados por essa inveja ou ressentimento, queimassem ou quebrassem sua rede, é claro que o arruinariam, mas no processo eles também empobreceria a si mesmo e a todos os outros. Da mesma forma, se eles o taxassem muito alto e tirassem a maior parte dos peixes que ele pesca, destruiriam seus incentivos para trabalhar mais, levando-o a pescar menos ou a ir para outro povoado onde não seria prejudicado. Um alto imposto sobre herança, exigido por razões de justiça social, também tem um efeito empobrecedor em toda a sociedade. Por que alguém se esforçaria por toda a vida e depois ensinaria a seus filhos a arte de seu negócio se não lhe fosse permitido deixá-lo para eles? Talvez fosse melhor para ele gastar tudo na vida. Ora, se o chefe do povoado expropriasse a rede do pescador e a entregasse a dois de seus servos para que pescassem, da mesma forma toda a sociedade ficaria empobrecida porque quem mais sabe a respeito do negócio (onde pescar, a que horas, como lançar a rede etc.), não seria quem a utilizaria e o seu potencial não seria otimizado. Além disso, os servos não estariam trabalhando em benefício próprio, mas do chefe do povoado, de modo que também não teriam incentivos para fazer bem o trabalho. A rede produziria algumas trutas extras e o chefe poderia viver bem, mas o resto do povoado não teria um grama de truta disponível. Além disso, o chefe provavelmente teria que comprar alianças de guerreiros para defendê-lo no caso de uma revolta causada pela fome, de modo que ainda menos recursos estariam disponíveis para o resto. Foi exatamente o que aconteceu nos países da órbita soviética, onde o partido comunista, supostamente representando o "povo", confiscou os meios de produção dos legítimos proprietários, e seus líderes políticos passaram a viver no luxo, enquanto o resto afundava na miséria. Nesse caso, aqueles que afirmavam representar o "povo", expropriando em seu nome os meios de produção ou a própria produção, acabaram criando miséria e causando a real exploração da sociedade.

Embora o exemplo do pescador seja bastante básico, ele representa claramente os conceitos e o funcionamento de toda a economia capitalista moderna e demonstra que este é, até agora, o único sistema capaz de gerar prosperidade. Assim, os países que consomem tudo o que produzem são pobres e subdesenvolvidos porque não possuem poupança que lhes permita criar bens de capital essenciais para aumentar o bem-estar de seus habitantes. Além disso, muitas vezes carecem do talento imaginativo que possibilita a criação de tecnologia porque suas melhores mentes emigram e também porque muitos se perdem devido à baixa formação de capital humano. Em contraste, os países avançados têm altas taxas de capitalização e geralmente são inovadores. É isso que permite que uma pessoa que serve mesas em um restaurante na Alemanha viva muito melhor do que alguém que faz o mesmo trabalho na Bolívia; e que se esse mesmo trabalhador da Bolívia, com poucas qualificações, emigra para a Alemanha para exercer o mesmo trabalho, sua renda mensal aumenta consideravelmente. É o capital acumulado derivado da poupança e da inovação, que acaba por permitir uma melhor qualidade de vida para todos, uma vez que aumenta a produção. O monumental progresso econômico que esse processo permite não é comparável aos efeitos da redistribuição de riqueza realizada pelos governos, pois esta é marginal para melhorar a população e pode até prejudicá-la. De qualquer forma, os países pobres não têm nada para redistribuir, precisamente porque não há economias de mercado com acumulação de capital suficiente para criar a riqueza que desejam distribuir. E é o capital, deve-se enfatizar, a engenhosidade humana aplicada para resolver o problema da escassez e não o trabalho acumulado. O pescador era pobre e trabalhou muito antes de inventar sua rede. Da mesma forma, os países mais miseráveis são aqueles onde as pessoas trabalham mais horas, justamente porque a produtividade é tão baixa que as pessoas precisam trabalhar muito mais tempo para poder satisfazer suas necessidades básicas. Nos países ricos, com capital acumulado, as pessoas tendem a trabalhar menos horas; e esta é precisamente uma das tendências mais notáveis do mundo desenvolvido no último século, onde houve uma diminuição progressiva das horas de trabalho graças ao aumento da produtividade. Devemos chamar o sistema que permite isso de inovador ao invés de capitalista, pois embora dependa de capital acumulado, é muito mais relevante a engenhosidade que permite a inovação. A referida redução da jornada de trabalho não está tão relacionada à legislação trabalhista, mas foi possível graças à nova realidade gerada pelo sistema de mercado. O mesmo aconteceu com o trabalho infantil que era comum, em todo o mundo, antes da Revolução Industrial, e hoje desapareceu nos países ricos. É evidente que as crianças não trabalhavam — e ainda trabalham nos países pobres — porque seus pais eram seres desprezíveis e exploradores. E, sim, porque em um mundo onde os recursos e os alimentos eram muito escassos, elas eram bocas para alimentar e um par extra de mãos no trabalho poderia ser a diferença na sobrevivência. É também por isso que, antigamente em certas culturas, os filhos do sexo masculino eram preferidos, pois sendo fisicamente mais fortes eram mais produtivos em uma economia de subsistência, como a que definia a vida dos seres humanos até apenas três séculos atrás. A revolução capitalista industrial com sua inovação permitiu que as crianças deixassem de trabalhar e fossem à escola, pois os recursos existentes eram suficientes para sustentá-las. Posteriormente, a legislação proibiu o trabalho infantil, mas isso só se concretizou quando a realidade econômica o tornou possível. Ainda hoje em África, Ásia e outras partes do mundo onde a pobreza é abundante, as crianças continuam a trabalhar, apesar de em algumas partes existirem leis que não o permitam. Isso acontece simplesmente porque seu trabalho é decisivo para a sua sobrevivência e a de sua família.

As mulheres, por sua vez, puderam ingressar no mercado de trabalho porque, graças às novas tecnologias, desenvolvidas pela inovação e pelo capital, os empregos deixaram de exigir apenas força física. Além disso, os avanços médicos e de saúde permitiram-lhes ter filhos sem arriscar a vida, ou não os ter se assim o desejassem. A Revolução Industrial produziu então uma — valiosa — transformação econômica que libertou as pessoas das estruturas de subsistência que prevaleceram por milhares de anos.

Um bom economista de rua também entende que os bens de capital têm uma posição que os coloca em algum lugar na cadeia de produção de bens de consumo, dependendo de sua função. No caso da rede de pescador, esta está localizada na etapa mais próxima da produção de bens de consumo, como um forno para assar pão. Mas se o pescador tivesse que fazer primeiro uma ferramenta de pedra para poder trabalhar as fibras da rede antes de fazê-la, então esse objeto estaria mais longe da linha de produção final do bem de consumo. O exemplo do forno para pão é mais claro para entender o que foi dito anteriormente, porque nos permite analisar uma economia mais sofisticada. Para produzir o forno, que seria um bem de capital usado para fazer pão, era preciso usar metais como o aço. O aço é, por sua vez, um bem de capital que é utilizado para a fabricação de outros bens de capital como fornos e, portanto, está ainda mais afastado do bem de consumo final, que seria o pão. Ao mesmo tempo, para produzir aço, é preciso ter uma fundição de ferro, caminhões que levam o metal para a planta de processamento, dinamite para a mina, estradas para transporte etc. Aqui vemos que existe uma estrutura de capital completa, que permite produzir o forno necessário para, por sua vez, fornecer a quantidade de pão demandada pelo mercado, ao preço correto, na qualidade exigida e nos locais onde é requerida. Para produzir todos estes bens era necessário dispor de poupanças e sobretudo engenhosidade que permitisse converter essas poupanças em tecnologia, tudo com o objetivo de ter mais pão. Esse processo parece quase mágico, pois nenhum dos milhares de participantes da cadeia completa de produtos sabe o que o padeiro sabe sobre quanto produzir, como e a que custo. Muitas vezes nem entendem por que produzem tudo o que fazem, muito menos sabem como fazer pão. E o padeiro, por sua vez, desconhece totalmente o processo de extração de ferro de uma mina. Literalmente milhões de interações entre pessoas acontecem às cegas para que um trabalhador consiga pão todas as manhãs a caminho do trabalho. Os advogados que fazem os contratos, os engenheiros que projetam estradas ou máquinas, os operadores de máquinas e caminhões, os químicos que desenvolvem os elementos para processar metais, os arquitetos que fazem os edifícios, as construtoras, os agricultores que devem produzir o trigo, os bancos que fornecem os créditos, os professores universitários que formam os profissionais e assim por diante. Como é possível que essa complexa coordenação que define a estrutura do capital ao longo do tempo funcione? Isso é ainda mais impressionante considerando que se trata de uma estrutura dinâmica que está em constante mudança e não necessita de uma autoridade central, com conhecimento absoluto de tudo o que acontece no mercado para funcionar. Como pode funcionar, então, se não há uma inteligência superior que a dirija?

Aí entra o chamado sistema de preços, cuja função explicaremos mais adiante, e que consiste simplesmente em uma complexa estrutura de sinais, que fornecem as informações que cada parte necessita, sem a necessidade de que ela compreenda o todo em que opera, nem o que essa informação realmente produz. É algo como uma rede de neurônios com milhões de sinapses, que permite que nosso corpo e nosso cérebro funcionem, mas que só entendemos superficialmente e que não aceita direção, intervenção ou controle voluntário. No máximo sabemos que sem essa sofisticada rede de neurônios não seríamos capazes de realizar qualquer atividade física ou mental no dia a dia.

Para uma melhor compreensão desse sistema fascinante, o economista de rua precisa primeiro entender que, em uma economia monetizada, os preços são expressos em dinheiro. Mas dinheiro não é o mesmo que preços, nem riqueza, nem capital, embora estejam todos relacionados. Assim, vamos rever o conceito de dinheiro em nossa próxima lição e então mergulhar no sistema de preços.

LIÇÃO 9:
Dinheiro Não É Riqueza

O dinheiro é um meio que serve como troca de bens e serviços entre indivíduos e sua quantidade não determina a produtividade de uma economia. Mais ainda, episódios de inflação ou hiperinflação — entendidos como perda do poder aquisitivo da moeda devido ao aumento de sua quantidade em relação à produção — podem destruir uma economia, pois alteram o sistema de preços e, portanto, os sinais requeridos pela estrutura ou cadeia produtiva para se coordenar.

É essencial, então, explicar nesta lição quais são as funções específicas do dinheiro. Por enquanto, digamos que riqueza são aquelas coisas que podemos consumir, usar e aplicar para aumentar o consumo. Por exemplo: água potável é riqueza porque necessitamos dela todos os dias, enquanto um milhão de dólares será inútil se não tivermos com que gastá-lo. Se estivermos perdidos no deserto, sem nada, e nos oferecerem um litro de água ou um milhão de dólares, obviamente escolheremos o litro de água. Isso reflete que o dinheiro não é riqueza, mas um meio de troca de riqueza. Mas se formos a Nova York e eles nos derem as mesmas opções, sem dúvida, vamos preferir o milhão de dólares porque há tanta riqueza produzida que podemos usar esse dinheiro para comprar o litro de água e muitas outras coisas mais. Ouro e prata, que antigamente eram dinheiro, também não eram riqueza, mais do que marginalmente, até que fossem encontradas aplicações industriais para eles. É por isso que os nativo-americanos não entendiam a ânsia dos conquistadores espanhóis em buscar esses metais. E é que, na América, as economias primitivas não tinham dinheiro semelhante ao usado pelos europeus, porque o ouro e a prata eram vistos como pedras decorativas. O costume de identificar metais como riqueza ou capital deriva de uma economia em que alguma forma de moeda é aceita como meio universal de troca. Nos tempos da conquista, acreditava-se que uma pessoa era rica se tivesse muito ouro e prata, e hoje dizemos o mesmo de uma pessoa que tem muito dinheiro (dólares, euros etc.). Mas, é preciso enfatizar, ninguém é rico pela quantidade de dinheiro que acumulou, mas pelo que pode comprar com esse dinheiro, e isso depende da produção de bens reais. Se fosse assim tão simples, seria uma questão de imprimir dinheiro por peça e tornar todo mundo milionário. E, de fato, países como Venezuela, Argentina e República do Zimbábue são casos em que todos têm muito dinheiro, mas a maioria é pobre, porque não pode comprar nada com ele, porque seu sistema estatista destruiu a base produtiva. Da mesma forma, o ouro e a prata que os espanhóis tiraram de suas colônias não eram riqueza, mas dinheiro. Isso lhes permitiu adquirir bens e serviços na Europa por peça, o que produziu um processo inflacionário, ou seja, um aumento nos preços. Portanto, na economia é uma falácia dizer que os espanhóis tiraram riquezas da América, quando se referem aos navios carregados de ouro e prata, porque na realidade eles levaram um grande número de meios de pagamento que serviam apenas a eles para exigir bens e serviços. Graças a esses meios de pagamento ou troca, puderam adquirir parte da riqueza produzida por outros europeus que recebiam moedas de ouro e prata como pagamento. A importação de produtos agrícolas e pecuários da América teria sido uma verdadeira riqueza para os espanhóis, já que, justamente, esse tipo de mercadoria se paga com dinheiro. Mas, infelizmente, não é essa a ideia coletiva que predomina, mas sim uma representação de que a Espanha empobreceu suas colônias e enriqueceu às suas custas, ao tomar ouro e prata. Sem dúvida, isso não faz sentido, pois esses metais não tinham utilidade para os nativo-americanos e na Europa eram úteis apenas como meio de troca de riquezas anteriormente produzidas pelos próprios europeus.

LIÇÃO 10:
Os Preços São Informações

Muitos acreditam que o preço é uma quantia arbitrária de dinheiro que ocorre ao vendedor cobrar. Mas a realidade, como já sugerimos, é que os preços são mecanismos de transmissão de informações sobre os recursos que estão disponíveis em uma economia e, portanto, constituem a bússola que orienta todas as decisões econômicas de consumidores, trabalhadores, empresários e demais agentes do mercado. Um economista de rua sabe que os preços não existem porque há dinheiro, eles existem porque há troca, pois, estes refletem as avaliações subjetivas de quem participa do mercado e, mesmo em uma economia sem dinheiro, os preços sobem. De fato, como explicado no exemplo do povoado, existe uma relação de preço entre a lebre e a truta, onde a lebre é mais cara do que o peixe porque são necessários 2 quilos de truta para comprar apenas 1 quilo de lebre. Economistas de salão chamam essa relação de valor entre vários produtos de "preços relativos" e estes podem variar de acordo com mudanças nas preferências subjetivas das pessoas ou nas condições econômicas.

Vamos desenvolver este ponto um pouco mais. Dissemos que 1 quilo de lebre era equivalente a 2 quilos de truta, o que significa que o preço da truta está na proporção de 2:1 com o da lebre. Digamos agora que uma peça de roupa de couro custa 4 quilos de truta. A proporção será então de 4:1 entre a truta e a vestimenta de couro. Ao mesmo tempo, podemos deduzir que a relação de preço entre a lebre e a roupa de couro é de 2:1, pois, se pagamos 2 quilos de truta por 1 quilo de lebre e 4 quilos de truta por uma vestimenta de couro, então com 4 quilos de truta poderíamos comprar 2 quilos de lebre e em seguida, levar esses 2 quilos de lebre para comprar a roupa de couro. Por sua vez, o vendedor dessa peça de roupa de couro poderá usar a lebre obtida para comprar os 4 quilos de truta. Assim, os preços relativos são: 2 kg de trutas = 1 kg grátis. O que é o mesmo que dizer que: 1 kg de truta = ½ kg de lebre. E igual a dizer que: 1 kg de truta = ¼ de roupa de couro. Todos esses são bens que circulam na economia do povoado têm preços que se relacionam entre si, pois são todos intercambiáveis em diferentes proporções.

É fundamental enfatizar aqui que os preços são resultado de avaliações subjetivas das pessoas e da escassez relativa dos produtos. Isso ocorre porque se a truta de repente se tornar escassa, seu preço pode subir até que seja equivalente ao da lebre. Se isso acontecer, então 1 kg de truta = 1 kg grátis = ½ peça de roupa de couro. Em outras palavras, a truta passaria a ter o mesmo preço da lebre e, como seu valor dobrou, agora aquele quilo de truta será suficiente para pagar metade de uma peça de roupa de couro. Trata-se de uma alteração dos preços relativos que terá impacto no consumo e na produção. Muitos, agora que a truta está mais cara, deixarão de consumi--la, preferindo, por exemplo, se alimentar de carnes mais baratas, como a de porco. Isso, por sua vez, levará a um aumento no preço da carne suína e, eventualmente, o preço da truta cairá novamente devido à baixa demanda.

Mas, por ser mais lucrativo pescar truta, porque seu preço é mais alto, mais pessoas tentarão fazê-lo, o que aumentaria sua produção, criando mais pressão para que seus preços baixem. Por sua vez, o *boom* da carne suína aumentará a produção para atender à demanda, o que também fará com que os preços caiam em algum momento, tornando o negócio menos lucrativo. Isso permitirá um equilíbrio entre oferta e demanda e evitará o excesso de produção de carne suína, o qual obriga o produtor a perder a carne que ninguém compra ou a utilizar recursos que seriam utilizados de forma mais eficiente, produzindo outros bens que as pessoas demandam porque valorizam ou precisam mais que o porco. Por exemplo, se a carne de porco cair abaixo de um determinado preço, pode ser mais lucrativo produzir outra coisa, como queijo. Isso significa que o valor social de cada quilo a mais de queijo produzido é maior do que o de cada quilo a mais de carne suína, pois já há carne suína suficiente para atender a demanda pelo preço que as pessoas estão dispostas a pagar. Os custos de produção a esse preço não justificam aumentar ainda mais a quantidade de carne suína. Por outro lado, o queijo continua tendo um preço alto e, portanto, ainda se pode produzir mais, gerando maiores lucros em relação à carne suína. Isso obriga os produtores a alocar recursos escassos (como madeira, ferramentas e horas de trabalho, entre outros), para criar vacas e ordenhá-las, para produzir queijo e atender à demanda. Como no caso do porco, o preço determina aqui também quanto vale a pena produzir, pois isso resultará no lucro do produtor após a dedução dos custos.

Como ocorre nesses exemplos, os preços dão um sinal para todas as atividades produtivas da sociedade, para que sejam coordenadas de forma a se aproximarem de um equilíbrio, onde os recursos escassos sejam utilizados exatamente para produzir aquilo que a sociedade necessita e demanda, evitando desperdícios. Em outras palavras, os preços livres são o eixo principal de toda a cadeia produtiva, permitindo uma alocação eficiente dos recursos, ou seja, que eles vão para onde são mais necessários, aumentando a riqueza, reduzindo a pobreza e melhorando a qualidade de vida de todos.

Contudo, no caso do exemplo anterior, da carne, trata-se de produtos substitutos e, portanto, seus preços se afetam entre si quando variam. O mesmo não acontece com os preços das carnes em relação às roupas de couro, uma vez que essas mercadorias não competem no mercado. As pessoas não param de comer para comprar roupas de couro, mas param de comer truta para comer carne de porco, porque precisam de mais proteína em sua dieta, por exemplo. Se houver uma escassez geral de alimentos, isso teria um impacto no preço das roupas de couro, porque os preços dos alimentos subirão tanto que não deixarão recursos disponíveis para comprar outros bens, o que poderia levar à falência do fabricante de roupas.

Agora vamos completar a discussão acima colocando-a no contexto de uma economia monetizada. Primeiro recordemos que, como todo bom economista de rua sabe, dinheiro não é riqueza. Isso surge historicamente porque a economia de escambo tornou muito complexa e ineficiente sua atuação no mercado. O dinheiro então, como meio de troca indireta, resolve vários problemas. O primeiro é o problema da indivisibilidade. Embora o dinheiro possa ser fracionado ou dividido, muitos bens não permitem isso. Se o vendedor de roupas de couro quiser apenas 1 quilo de truta, mas sua roupa valer 4, ele terá que encontrar alguém que queira ficar com os 3 quilos restantes e que tenha outra coisa que ele queira e que também valha o mesmo para se justificar a transação.

Isso porque você não pode simplesmente cortar a roupa em quatro partes para comprar 1 quilo de truta, pois isso a arruinaria. O dinheiro resolve esse problema de indivisibilidade, pois permite que você compre a quantia exata que deseja, guardando o restante ou gastando em outra coisa. Mas o dinheiro também resolve o problema da dupla coincidência de mercadorias, pois em uma economia de escambo o vendedor de roupas de couro só pode trocar a roupa que fez com um pescador de trutas para obter o peixe que deseja. O dinheiro, por outro lado, permite que ele venda seu produto para qualquer pessoa e depois, com esse dinheiro, compre o peixe de que precisa. Em outras palavras, a venda de mercadorias permite que você adquira dinheiro, o que permite que você compre outras mercadorias. O dinheiro também é mais fácil de transportar, o que evita a difícil tarefa de transportar mercadorias para obter o que se deseja. Basta vender algo e levar o dinheiro no bolso para adquirir outra coisa. O dinheiro também serve como unidade de conta, o que possibilita saber quanta riqueza se possui, viabilizando cálculos econômicos em termos de custos e lucros. Isso ocorre porque em uma economia monetizada todos os preços são refletidos em dinheiro, uma vez que este é o meio de troca universalmente aceito. O cálculo econômico é essencial para saber quanto investir e quanto produzir de cada coisa, de que qualidade, em que lugar e em que momento. Sem dinheiro, isso seria extraordinariamente complexo, porque não haveria denominador universal de valor. Além disso, o dinheiro é durável e facilmente identificável, o que não é o caso de muitos produtos. Uma moeda de ouro ou prata dura milhares de anos, enquanto alimentos, roupas e inúmeros outros produtos se deterioram com o tempo, destruindo seu valor como meio de troca e instrumento de poupança. Pela mesma razão, quando o dinheiro é saudável e estável — ouro ou prata — serve para preservar seu valor ao longo do tempo, evitando o problema da corrupção que afeta outros bens. Em suma, uma economia moderna não pode existir sem dinheiro, ou seja, sem um meio de troca universalmente aceito que atenda a todos os requisitos já citados.

No entanto, tanto no contexto de uma economia moderna quanto no escambo, os preços refletem as avaliações das pessoas e a disponibilidade de recursos ao longo do tempo. O morador de uma grande cidade que consome leite não tem noção da produção de leite, pode até nunca ter visto uma vaca, mas seu consumo define o preço do leite. Se o leite subir muito, ele deixa de consumir na mesma quantidade e se baixar, ele provavelmente aumentará seu consumo. Uma epidemia poderia contaminar a produção de leite, elevando os preços e nosso consumidor seria obrigado a reduzir sua demanda, ou seja, racionalizar o uso do recurso. Esse aumento de preços poderia deixar milhares de crianças sem leite, o que seria uma tragédia. No entanto, embora possa parecer contraintuitivo, a única forma de restabelecer a produção de leite e fazer com que os preços voltem a cair é deixar os preços subirem, pois essas, como dissemos, são informações que fornecem os sinais necessários para que os atores do mercado se movam. De fato, ao aumentar tanto o preço do leite, envia-se o sinal aos produtores nacionais para aumentarem a sua produção, pois poderão ter lucros adicionais. Além disso, outros agricultores, que dedicaram seus campos ao plantio, são alertados de que o leite é um negócio melhor, então seria melhor para eles agora produzirem leite em vez de plantar. Muitos importadores também advertiriam opções de negócios comprando leite de outros países. Todos os itens acima naturalmente aumentarão a quantidade de leite ofertada e, portanto, os preços cairão novamente, permitindo que mais pessoas consumam mais leite. Como já dissemos, esse mecanismo opera a cada segundo, em todos os produtos que são comercializados no mercado, sendo responsável por coordenar a produção ao longo do tempo. Os preços, que oscilam permanentemente, reúnem milhões de *bits* de informação espalhados pela sociedade, impossíveis de conhecer e compreender plenamente. O produtor de leite deve produzir pautado por diversos preços que indicam os custos de produção, que incluem, desde o fertilizante do campo, até os antibióticos para os animais, o combustível dos tratores etc. Por sua vez, o preço de todos esses produtos depende de centenas de preços de outros produtos e serviços cujos preços ao mesmo tempo dependem de milhares de outros preços, formando uma cadeia infinita de transações que, é preciso enfatizar, acaba refletindo na valorização dos milhões de indivíduos que intercambiam. Nenhum desses preços é fixado por uma inteligência central, mas são formações espontâneas derivadas de milhões de interações que ocorrem entre as pessoas no mercado. Cada uma dessas pessoas usa seu pequeno pedaço de informação para produzir e exigir o que os preços lhes dizem que os outros precisam e que eles podem obter ou produzir. Como vimos no caso do suinocultor, esses preços são a base do cálculo econômico, pois sem eles não teríamos ideia de como utilizar nossos recursos. Como o agricultor pode saber que é conveniente para ele usar mais um fertilizante do que outro se não tem preços para orientá-lo? Não poderia sequer saber se lhe convém produzir leite ou carne, pois não teria um preço de venda com o qual estimar seus lucros e custos, que tampouco poderia calcular. Estaria totalmente cego para a realidade econômica e não teria escolha a não ser tentar adivinhar quanto leite, de que qualidade e em que momento produzir, o que seria desastroso, porque ou produziria muito pouco, gerando escassez, ou muito, destruindo recursos escassos que são muito necessários para satisfazer outras necessidades. Se se generaliza um sistema econômico sem preços, os sinais para fazer os cálculos econômicos desaparecem e toda a economia entra em colapso, permanecendo no escuro e sem sinais para orientar a ação produtiva. Isso causaria miséria para toda a população, pois é impossível racionalizar o uso dos recursos para multiplicá-los e alocá-los adequadamente, sem preços. Foi exatamente o que aconteceu no século XX com o estabelecimento do socialismo. Nos países socialistas, o governo eliminou a propriedade privada dos meios de produção centralizando-os nas mãos do Estado, com o qual desapareceu a concorrência, ou seja, o mercado como processo de troca de bens e serviços. Como consequência, os preços que se formam espontaneamente durante esse processo de troca também desapareceram, impedindo o cálculo econômico. Os países socialistas viram suas populações sucumbirem à miséria e à fome, justamente porque tentaram desenvolver métodos centralizados de cálculo da produção, o que é impossível, pois as informações necessárias estão espalhadas pela sociedade e não podem ser definidas por nenhuma inteligência, até então conhecida. Em outras palavras, não é possível determinar, de forma centralizada, quanto de cada coisa deve ser produzida, em que lugar e em que momento.

Mas, além disso, falta à autoridade o conhecimento prático necessário para produzir o que o mercado exige. Um burocrata sentado em Moscou não faz ideia da produção de grãos, algo em que os camponeses são especialistas, pois dedicaram toda a sua vida ao assunto e, portanto, sabem o que plantar, em que quantidade, em que época do ano, estimando a demanda de acordo com a indicação de preços. É por isso que a coletivização da terra, que o regime soviético impôs na Ucrânia, onde foram encontrados os solos mais férteis da região, levou à morte de milhões de pessoas por fome.

Por tudo o que foi dito, um bom economista de rua entende que fixar preços também é absurdo economicamente e tem efeitos devastadores na qualidade de vida da população. Assim como os burocratas do Estado não têm ideia de quanto de cada coisa deve ser produzida, fixar preços para produtos como alimentos, remédios ou qualquer outro bem só pode levar à escassez de sua produção e ao mercado clandestino. Se, por exemplo, o preço do pão for fixado em um patamar inferior ao estabelecido pelo mercado, o que acontecerá é que haverá escassez de pão, pois não será conveniente para o produtor fazer mais pão e dedicar-se a produzir outra coisa cujo preço não seja inferior ao retorno do mercado. Mas o problema é ainda maior, pois para fazer sentido fixar o preço do pão, é preciso definir também o preço de todos os seus insumos (como farinha, sal, fermento), pois é absurdo tentar fixar o preço de uma coisa sem tentar controlar seus fatores de produção ao mesmo tempo. A fixação de preços torna-se assim um pesadelo, com milhões de preços a serem fixados, desde o trigo ao combustível e eletricidade para as máquinas utilizadas. Seria uma tarefa impossível cujo único resultado seria o caos, a corrupção e a escassez, exceto para aqueles que podem acessar produtos a preços exorbitantes no mercado clandestino que, operando à margem da lei, oferece bens de qualidade inferior e muito mais caros devido ao risco envolvido. Obviamente, se todos os preços da economia são fixos, ocorre um colapso produtivo completo, pois a informação que permite coordenar a atividade econômica para que ela produza em seu potencial máximo o que é mais necessário para a sociedade é distorcida ou corrompida. Por milhares de anos não houve nenhuma tentativa em que a fixação de preços tenha alcançado bons resultados.

Tudo o que foi descrito também explica por que, em economia, é uma falácia falar em "preço justo". A justiça pode ser atribuída a atos humanos intencionais, mas não a fenômenos espontâneos como os preços, cujo nível não depende da vontade arbitrária de qualquer pessoa em particular, mas da complexa rede de demanda e oferta de recursos. Os preços são fontes de informação e, como tal, são mais típicos do mundo das forças espontâneas, do que da vontade humana. Se fosse uma questão de vontade, poderíamos pagar qualquer quantia por qualquer coisa e resolveríamos o problema da escassez de recursos de uma vez, já que legalmente baixaríamos os preços de todos os bens, tornando-nos mais ricos. Como isso não é possível, somente a competição e a inovação permitem resolver a escassez de recursos em um processo que não é guiado por vontade ou qualquer inteligência — não há um ser onisciente e benevolente controlando a economia —, mas por milhões de ações descentralizadas de vários indivíduos no mercado.

LIÇÃO 11:
Competição É Colaboração e Descoberta

É comum ouvir entre os líderes intelectuais, religiosos e políticos a ideia de que a competição desintegra a ordem social, nos torna egoístas e mina a solidariedade. Precisamos — argumentam eles de uma economia colaborativa onde o interesse individual não prevaleça sobre o coletivo. Um bom economista de rua entende que essa análise está errada, pois a competição, longe de ser um jogo de soma zero onde um ganha o outro perde, é uma engrenagem de soma positiva onde a sociedade em geral se enriquece.

Na lição anterior explicamos o papel essencial que os preços desempenham na coordenação de todo o sistema de produção e nos permitem satisfazer melhor as necessidades e desejos dos consumidores. Ressaltamos que os preços não são fixados pelo vendedor de um produto, mas que surgem espontaneamente como resultado das trocas que ocorrem no mercado e que refletem as avaliações subjetivas de seus participantes. Isso exige, por sua vez, a propriedade privada dos meios de produção, pois sem ela não pode haver troca e, consequentemente, os preços que orientam a atividade econômica não podem surgir. Mas a propriedade privada também supõe que há liberdade para competir com aqueles que já estão estabelecidos no mercado, o que é obviamente impossível quando o Estado monopoliza a produção, pois não pode e não deve competir consigo mesmo. Assim como o futebol exige pelo menos dois times para existir, o mercado precisa de vários jogadores para surgir. A pergunta que deve ser feita então é: o que significa competir no mercado? A resposta é que a competição se realiza entre produtores para colaborar com os consumidores. Se houver apenas um fornecedor de pão, o que o torna de má qualidade e caro, é algo muito negativo para os consumidores que se beneficiariam muito mais se tivessem pão de melhor qualidade a um preço mais baixo. Um empreendedor que percebe esse problema detecta uma oportunidade de negócio, ou seja, criar valor para os consumidores fabricando pães de melhor qualidade e mais baratos, melhorando sua qualidade de vida. Não importa, nesse sentido, que a intenção do empregador seja necessariamente beneficiar os outros, o que importa é que ele consiga, mesmo que busque apenas o seu próprio interesse. A graça do mercado é justamente que ele não exige que almas bondosas ou seres moralmente superiores colaborem com outros para melhorar a qualidade de vida de toda a população.

 O empresário ou empreendedor aplicará então sua energia, capacidade organizacional, talento, tempo e capital para construir uma padaria que produza melhor do que a existente. Dessa forma, concorre com quem já está no ramo para poder colaborar com o consumidor de pães. No entanto, essa concorrência forçará o produtor já estabelecido a melhorar sua produção, caso contrário, perderá seus clientes e chegará à falência. Assim, a concorrência força a inovação porque os consumidores simplesmente escolherão quem os atende melhor e pelo melhor preço. Em resultado da concorrência, que, como já dissemos, só pode existir num sistema de propriedade privada e mercados abertos, a oferta de pão melhora substancialmente para toda a sociedade tanto em termos de quantidade quanto em variedade, preço e qualidade. Esse processo de competição fomenta a inovação que tirou bilhões de pessoas da miséria no último século, bem como explica o aumento exponencial da qualidade de vida nos países avançados de hoje. Como no esporte, a competição serve para trazer à tona o melhor do espírito humano, fortalece suas habilidades, aguça seu senso criativo e leva ao desenvolvimento de melhores estratégias e hábitos para se ter sucesso. E, como ocorre no esporte, quem deixa de competir por ser ineficiente, perde e pode desaparecer do mercado. Mas isso é positivo, pois permite a outros, mais eficientes, usar melhor os recursos disponíveis para atender as necessidades da população.

No exemplo do padeiro que não melhora seus padrões de qualidade, a concorrência, talvez, o leve à falência. Isso significa que toda a farinha, energia e ingredientes usados para fazer um pão ruim e caro agora estarão disponíveis para serem usados por algum padeiro empreendedor que os aplicará de uma maneira melhor para fazer um pão de maior qualidade e mais barato. Há, então, um enorme benefício social devido ao efeito da competição, como ocorre em esportes onde as equipes colocam seus melhores jogadores, elevando o nível do jogo para o deleite de todos os espectadores. Contudo, deve-se ter em mente que nem todos podem competir no mesmo nível no mercado, pois alguns têm melhores habilidades, mais criatividade, mais talento, mais sorte etc. Isso não é algo negativo, mas faz parte do mesmo processo que permite que todos se beneficiem. No caso do esporte, seria absurdo que um time de futebol de uma grande liga como o Barcelona permitisse a todos que sonham em ser jogadores de futebol a oportunidade de jogar como titular. Se algo assim fosse feito, o clube estaria arruinado e a qualidade do futebol seria muito inferior. Pela mesma razão, não se pode garantir, a ninguém no mercado, uma posição de sucesso, porque isso tiraria recursos de quem faz o melhor trabalho de produção e inovação, para entregá-los a quem não sabe ou não pode fazê-lo igualmente bem. A consequência seria o empobrecimento de toda a sociedade, pois na prática tal política destruiria a concorrência e também acabaria com seu efeito positivo de elevação do bem-estar social. Se o governo decidisse subsidiar o padeiro medíocre, teria necessariamente que tirar esses recursos de algum lugar, empobrecendo outro setor, para manter um projeto empresarial fracassado que agrega pouco valor social. Ao mesmo tempo, tal subsídio permitiria ao mau padeiro baixar seus preços, o que poderia levar o bom padeiro à falência, pois não seria lucrativo ter uma padaria que produzisse pão de melhor qualidade e mais barato se concorresse com um padeiro subsidiado. Observe que, na prática, essa queda de preços para o padeiro medíocre é uma armadilha, pois o subsídio que ele recebe deve ser considerado no preço real de venda. Por esta mesma razão, em geral, não é recomendável que o Estado subsidie atividades porque distorce a realidade econômica.

A essa altura, um bom economista de rua entendeu que, além de um jogo de colaboração, a competição é um processo de descobrimento do que os outros precisam, querem e quais são as melhores formas de proporcionar isso. Devemos entender que no futebol ou em qualquer esporte, você não pode descobrir os melhores jogadores ou treinadores, melhorar a engenharia da bola ou dos sapatos, aperfeiçoar as regras do jogo ou permitir que os jogadores se adaptem e aprimorem seus talentos, sem concorrência. Da mesma forma no mercado, a concorrência é um fenômeno dinâmico que permite descobrir informações e ideias que ninguém conhece de antemão. Certamente não faria sentido realizar a Copa do Mundo se todos soubessem de antemão o resultado de cada jogo: quem vai marcar os gols, quais serão os lances livres e as faltas, como será cada jogada, a atitude do público e assim por diante, com todos os fatores envolvidos.

A razão pela qual a competição faz sentido é porque você quer descobrir tudo isso no próprio jogo. Nesse ponto, a situação do mercado é idêntica, pois ninguém conhece de antemão as preferências, gostos, demandas, desejos e necessidades dos consumidores em todos os momentos e lugares. E ele tampouco sabe como satisfazê-los. Descobrir é o papel dos empreendedores e empresários, que seriam o equivalente a jogadores que têm que ver como se comportar em campo e quais movimentos fazer durante o jogo, adaptando-se constantemente aos movimentos do rival para criar valor para os times e torcedores.

LIÇÃO 12:
O Empreendedor É um Beneficiador Social

A competição, explicamos, é um processo de descoberta e colaboração entre empreendedores, empresários e consumidores. Os empreendedores são aquelas pessoas que têm como principal característica a capacidade de criar riqueza que lhes permita elevar o seu padrão de vida e o dos outros. Consequentemente, em um mercado competitivo, a única maneira de enriquecer é beneficiando também aos outros. Ao contrário dos outros que participam do mercado, são mais escassos e essenciais para o progresso. Em outras palavras, se os compararmos com consumidores e trabalhadores que historicamente constituíram uma população mais abundante, empreendedores e empresários estão em número muito menor. Pessoas inovadoras, com talento, energia, vontade de arriscar e visão para criar riqueza — inexistente na sociedade —, sempre foram e serão poucas. Continuando com o exemplo esportivo, jogadores e torcedores de futebol existem desde o início deste esporte, mas Pelé, Messi ou Beckenbauer foram apenas alguns. Assim, é necessário criar um ambiente institucional e um clima social que os respeite e apoie por suas competências. Isso não significa que todos os empresários sejam perfeitos, pois, sem dúvida, há alguns que abusam e devem ser severamente punidos se cometerem um crime. Nos esportes também há jogadores que tentam trapacear ou usar drogas para melhorar seu desempenho, mas isso não significa que todos os jogadores sejam trapaceiros, nem que o problema seja o esporte em si. Infelizmente, na subjetividade que prevalece na discussão pública, basta que um empresário aja mal para que o mercado seja responsabilizado ou todos sejam julgados como abusadores, exigindo que o Estado assuma maior controle. Muitos agem como se o Estado fosse um lugar incorruptível e totalmente virtuoso, esquecendo que ele é formado por um grupo de pessoas — políticos e funcionários públicos — que também podem abusar de sua função ou se corromper, o que de fato acontece, sem falar na ineficiência que é muito mais comum no Estado do que no setor privado.

Deve-se considerar que o empresário, ou empreendedor, é responsável pela existência de todas as coisas que usamos no dia-a-dia e que vão desde a cama em que dormimos até o prédio, ou casa, em que vivemos, incluindo sabão, pias, água potável ou purificada, alimentos e roupas. Tudo isso existe graças ao trabalho de alguns poucos que conseguiram inventar e produzir em larga escala tudo o que precisamos, tornando-o acessível e barato. Como isso é possível?

Para compreender plenamente a natureza do trabalho empresarial, deve-se ter em mente o princípio da divisão do trabalho que caracteriza a economia moderna. Antes da Revolução Industrial, que tirou a humanidade da miséria, os seres humanos basicamente produziam o que consumiam. Eles faziam suas próprias roupas e cultivavam, caçavam ou colhiam sua comida. Algumas coisas eram trocadas e havia algum comércio, mas a maioria da população era rural, vivia com o suficiente e não tinha grandes confortos.

Vamos imaginar por um segundo como seria nossa existência se tivéssemos que produzir tudo o que usamos e consumimos.

Obviamente não haveria tecnologia, nem fartura de alimentos, nem roupas, pois seria impossível para uma única pessoa ou família, mesmo para uma cidade inteira, reunir todo o conhecimento, energia, recursos e tempo necessários para produzir remédios, energia, telecomunicações, transportes etc. A divisão do trabalho em larga escala, por outro lado, permitiu que todos se concentrassem em fazer o que sabem fazer melhor, dividindo as funções produtivas em milhões de pequenas partes que se complementam, graças ao sistema de preços. Neste esquema, e tomando um hospital como exemplo, os médicos podem dedicar-se a curar os doentes, os engenheiros a calcular os edifícios, os radiologistas aos exames, os técnicos à manutenção das máquinas, os eletricistas a fornecer energia e assim sucessivamente, completando uma cadeia de milhões de áreas de trabalho, relacionadas de maneira, mais ou menos, direta. Hoje, a especialização chegou ao ponto em que um médico não consegue diagnosticar ou tratar qualquer doença, pois existem várias áreas especializadas da medicina, o que permite que as habilidades e energias do profissional se concentrem em apenas uma delas, oferecendo um melhor atendimento. Antigamente o médico atendia a totalidade dos problemas, não entendendo todas as doenças, porque a medicina era muito rudimentar devido à má divisão do trabalho. Essa lógica se aplica a toda a cadeia produtiva. Um carro, por exemplo, é o resultado de milhares de especializações diferentes, que vão desde mecânicos que inventam peças de motores, sensores de segurança, designers de carrocerias, especialistas em pneus, até químicos que produzem ligas metálicas etc. As grandes empresas automotivas contam com poucos desses especialistas, pois a maioria dos produtos são adquiridos no mercado de outras empresas, que por sua vez produzem em relação a outras.

As pessoas, então se especializam em vários ofícios, tarefas e profissões. Nessa enorme galáxia de ramos e opções existe uma muito particular que é a do empreendedor. Na prática, o empreendedor é um profissional especializado em detectar oportunidades nas quais pode conseguir uma melhor alocação de recursos, ou uma multiplicação deles, por meio de alguma inovação que deve imaginar e aplicar. São pessoas em constante estado de alerta, capazes de identificar oportunidades de criação de valor social e pessoal, onde a maioria não as vê, e que estão dispostas a assumir todo o risco e custo de persegui-las, justamente pelo potencial benefício que elas prometem. Ser empresário e empreendedor é ser especialista em descobrir oportunidades de criação de valor social através da busca do interesse individual. E, ao mesmo tempo, é ser um representante do consumidor, pois as oportunidades de valor são determinadas por suas preferências. Se se deixa de produzir o que exigem, então vai parar de gerar valor e acabar falindo. Contudo, a forma como o empreendedor reconhece se está ou não criando valor para os outros é por meio de lucros e perdas. Se o seu negócio dá lucro, é porque satisfaz a demanda do consumidor a preços que estes querem pagar. Se, por outro lado, gera prejuízos, então não está cumprindo o que os consumidores esperam dele e tiram o apoio econômico, ou contrato implícito que lhe deram, para entregá-lo a outra pessoa que possa fazê-lo. Isso levará à sua queda e ao fim do seu negócio, liberando recursos valiosos para que outros ocupem seu lugar. Os lucros e perdas do empresário passam a ter um papel social. Quanto mais empresas tiverem lucros, melhor será para toda a sociedade, pois significa que mais valor está sendo criado para ela. Ao contrário, se poucas empresas tiverem lucros, não haverá criação de riqueza e, portanto, empresas sem lucros irão à falência, deixando muitos trabalhadores desempregados e sem bens ou serviços à disposição dos consumidores. Em suma, sem lucros não há empresas, sem empresas não há bens ou serviços, e sem elas voltamos à economia de subsistência, ou seja, à miséria que nos acompanhou durante milhares de anos na antiguidade. É importante entender bem esse ponto, pois, ao contrário do que postulam os marxistas com sua teoria da exploração, os lucros são o sinal recebido pelo empresário de que ele está criando valor para a sociedade e, portanto, os próprios lucros cumprem um papel social ao manterem à tona aqueles que enriquecem e beneficiam os outros (e, claro, a si mesmos). Os consumidores são os líderes e a quem o empregador deve. Este por sua vez, em um processo de competição com divisão de trabalho, é quem descobre aqueles espaços de criação de valor que poucos veem, e arrisca capital, tempo e energia aplicando sua engenhosidade para produzir aquele valor. Essa atividade inicial é essencialmente mental, pois o valor é criado primeiro na mente do empreendedor, que então coloca em prática seu poder inovador.

Vejamos um exemplo simples para tornar todo esse processo ainda mais claro. Suponhamos que na capital de um país o preço do queijo seja muito alto, enquanto nas regiões mais remotas seja mais baixo porque ali se concentra sua produção. Imaginemos que, por vários motivos, um habitante daquela região deva viajar regularmente para a capital. Se essa pessoa estiver alerta, detectará que o preço do queijo está muito alto na capital e se perguntará se será possível trazer o queijo de sua região para a cidade para concorrer com um produto de mesma qualidade e mais barato. Todo esse processo de descoberta e imaginação ocorre em sua própria mente e não é fácil de executar. Seu próximo passo será calcular os custos de frete, distribuição, armazenagem, entre outros, para estimar o quão competitivo seu projeto pode ser. Se os números lhe derem um bom resultado, terá descoberto uma alocação ineficiente de recursos que, graças ao seu estado de alerta e imaginação, poderá melhorar. O interessante é que esse empresário ganhará dinheiro, ou seja, ficará rico nesse processo e, ao mesmo tempo, criará valor para o restante da sociedade melhorando uma situação ineficiente. É aí que entra o papel social dos lucros. Se o projeto for viável, os produtores regionais de queijo ficarão felizes porque terão mais demanda e poderão vender mais queijo, o que, por sua vez, os fará contratar mais pessoas e pagar melhores salários aos moradores como resultado da competição por mestres queijeiros e ajudantes. Os habitantes da capital, entretanto, poderão ter acesso a queijos mais baratos da mesma ou até de melhor qualidade, o que lhes permitirá consumir mais. Da mesma forma, aqueles que antes não podiam comprar queijo por causa de seu alto preço, agora poderão fazê-lo. A economia que eles farão com a compra de queijo mais barato os deixará com mais renda disponível no bolso para gastar em outros lugares, estimulando assim outras áreas da economia.

Com sua ideia e negócio, o empresário enriqueceu toda a sociedade, exceto, talvez, a seus concorrentes de capital que perderão mercado, a menos que melhorem seus produtos ou os produzam com mais eficiência.

Nenhuma das anteriores, deve-se enfatizar, aconteceu por magia. O empresário não só precisava fazer as viagens, detectar a oportunidade e calcular a rentabilidade do negócio. Além disso, ele teve que conversar, cooperar e coordenar com muitas outras pessoas que lhe permitiram realizá-lo: fornecedores, transportadores, distribuidores, banqueiros, advogados, donos de mercado, entre outros. Provavelmente alguns falharam ou o enganaram e foi preciso substituí-los, mas ele conseguiu. Além de investir muito tempo e energia, também foi necessário arriscar seu capital, pedir um empréstimo ou conseguir parceiros para o projeto, contratar trabalhadores, seguros, lidar com a burocracia, convencer sua família a apoiá-lo (talvez restringindo seu próprio consumo), enfrentar imprevistos ou acidentes, entre muitos outros desafios. Tudo isso representa uma enorme tarefa que exige paixão, astúcia, perseverança, vontade de arriscar, capacidade de organização e engenhosidade, sem garantia de sucesso. Para alguém que simplesmente compra queijo no supermercado ou mercearia, nada disso é visível. Ele assume que o queijo estará disponível todos os dias para o seu sanduíche, sem sequer imaginar o esforço, os riscos, o tempo, as frustrações e o trabalho por trás do fornecimento de queijo. Tampouco entende tudo isso o vizinho do empresário, que só olha para tudo o que enriqueceu e o inveja pelo que agora pode comprar. Isso ocorre porque a maioria das pessoas não entende o sacrifício do empreendedor porque, em geral, são funcionários especializados em áreas que, do ponto de vista do risco e da energia envolvida, costumam ser mais simples. Por isso são poucos os que se atrevem a empreender, mesmo entre aqueles que têm ideias para gerar riqueza, já que o custo e o risco são tão altos que a maioria fracassa.

Contudo, é fundamental para uma sociedade manter um alto padrão de vida e melhorá-lo, que esses empreendedores se tornem empresários e que possam passar para seus filhos o conhecimento e a gestão de seus negócios. A possibilidade de transferir uma empresa de geração em geração permite aperfeiçoar a arte de criar valor na área em que se atua ou de adaptar-se a novos desafios quando o que faz se torna obsoleto. Em várias marcas, desde moda a relógios e bebidas alcoólicas, a antiguidade no negócio é garantia de qualidade. Esta antiguidade dá conta de um saber especializado, uma memória institucional que tem sido passada de pai para filho, levando ao mais alto nível a criação de valor e qualidade do que é produzido. Em uma economia de mercado, se uma empresa familiar perder sua capacidade de ser eficiente, inovar e se adaptar, perderá lucratividade e acabará sendo vendida ou fechada. Ao contrário do que muitos acreditam, não existe riqueza garantida, pois um concorrente sempre poderá desbancar alguém que já está no mercado com produtos melhores e com preços mais baixos. Assim, aqueles discursos generalizados na opinião pública, que tratam os herdeiros das empresas como privilegiados, e argumentam que eles não têm méritos por terem o que têm, alimentam ressentimentos irracionais, cujo perigo é imediatamente percebido por um bom economista de rua. Grandes impostos sucessórios destruiriam a base produtiva da sociedade, pois os herdeiros das empresas serão obrigados a vender suas instalações — arruinando assim o processo produtivo — para pagar o Estado. Se ao empresário queijeiro que, motivado pelo seu sonho e por dar um futuro melhor aos seus filhos, acabou por criar uma grande empresa com centenas de postos de trabalho, o Estado decidiu aplicar um imposto sucessório de 100% — sob o argumento de que é "injusto" que sua prole receba tanta riqueza — então o que ele criou será destruído, empobrecendo assim toda a sociedade. A verdade é que o arranjo social mais útil para todos, especialmente para os mais pobres, é que a herança possa ser transferida, sem nenhum problema, de geração em geração, assegurando que sempre haja bons mecanismos de concorrência, pois isso garantirá a criação de valor social ao longo do tempo. O mesmo acontece se uma empresa mal gerida for vendida para outra empresa com melhor capacidade de gestão que lhe permita continuar a criar valor social de acordo com o que os consumidores exigem. Por isso, é tão importante ter um mercado aberto à concorrência e não com excesso de regulamentações, pois são barreiras que impedem que outros com melhores ideias concorram, gerando prejuízos para toda a sociedade. Se, no caso mais extremo, o Estado concedesse proteção de monopólio ao distribuidor de queijo proibindo a concorrência, não haveria necessidade de melhorar permanentemente seus negócios. Poderia continuar fazendo a mesma coisa sem perder rentabilidade e até diminuir sua qualidade, já que os consumidores não teriam outra alternativa para obter o produto. Por outro lado, se o mercado se mantiver aberto, isto é, sem monopólio imposto pelo Estado, ou excesso de regulamentações trabalhistas, fiscais ou sanitárias que impliquem custos excessivos para a livre e saudável concorrência, então outro empresário com melhores ideias pode entrar no mercado com novas ideias, tecnologias ou importando queijos melhores do exterior. Isso trará um ganho para toda a sociedade, pois essa competição forçará o empreendedor inicial a melhorar seus processos. Assim, entre estes e outros novos concorrentes, os preços cairão e oferecerão produtos de melhor qualidade, o que se traduzirá em mais lucros empresariais, ou seja, em maior valor social, pois estes decorrem do fato de que as pessoas poderão comprar um queijo mais barato e de melhor qualidade e variedade.

Essa mesma lógica se aplica a todas as áreas do mercado, sendo a tecnologia o exemplo mais óbvio. A concorrência entre as marcas de telefones celulares, por exemplo, fez com que seus preços caíssem vertiginosamente, permitindo que os *smartphones* se generalizassem. Isso ocorre porque as empresas especializadas em detectar áreas de maior criação de valor observam, graças à concorrência como processo de descoberta, que existem áreas para melhorar os produtos e torná-los mais baratos. Com isso, atualmente qualquer pessoa pode acessar um bom celular, algo que vinte anos atrás era exclusividade dos milionários. Esta criação de riqueza em todas as áreas, graças à concorrência, permite melhorar a nossa qualidade de vida.

LIÇÃO 13:
Inovar É Destruir

Até agora, todos os economistas de rua alertaram que a chave para que uma economia crie recursos e os aloque da melhor maneira é a inovação. A inovação pode ser definida como a aplicação prática de capacidades mentais para criar valor. Até o nosso queijeiro é, de certa forma, inovador, tendo conseguido organizar todo um sistema de distribuição de queijo que antes não existia. Nessa lógica, um cientista que inventa um remédio barato para curar o câncer é um inovador que viu um espaço para criar valor para toda a sociedade. Como resultado de sua invenção, ele ficará rico, mas também melhorará a qualidade de vida de milhões de pessoas que agora poderão, com menos recursos, se curar de uma doença terrível. Contudo, nosso cientista não poderia ir muito longe se não houvesse empresas ou pessoas para financiar sua pesquisa, produzir o medicamento, distribuí-lo e assim por diante. O sistema de mercado permite tudo isso, pois, como vimos, é um amplo esquema de colaboração baseado na competição e organização de recursos para a criação de valor individual e social. Podemos dizer que uma parte essencial do mercado é o "inovacionismo", uma vez que os seus atores estão constantemente à procura de melhores formas de criar valor respondendo ao apelo dos consumidores.

Cada inovação, porém, produz a destruição ou transformação do que vem substituir. Se nosso cientista inventar uma pílula que cure o câncer, toda a tecnologia para quimioterapia e tratamentos, incluindo seus especialistas, ficará obsoleta. É nesse sentido que se diz que o capitalismo é um processo de "destruição criativa". Se amanhã um único comprimido de um dólar curasse todas as doenças possíveis, não seriam necessários tantos hospitais, médicos, exames, etc. Alguém poderia argumentar que isso deixaria muitas pessoas desempregadas e empresas geradoras de lucro seriam perdidas. Precisamente o objetivo da inovação é aumentar a eficiência, ou seja, descobrir aqueles espaços de criação de valor potencial para usar menos recursos e satisfazer mais necessidades. Se a pílula milagrosa chegasse ao mercado, haveria sim um período de adaptação, mas todos os recursos substanciais que são ineficientemente dedicados à área da saúde estariam agora livres para serem aplicados em outras áreas onde serão mais necessários. O pior que poderia ser feito seria evitar a inovação para manter as indústrias erguidas, pois, a exemplo da pílula milagrosa, ao impedir sua criação, não só mais pessoas morreriam de câncer, mas se evitaria um processo de enriquecimento formidável da sociedade. É o mesmo que, para se evitar a falência dos fabricantes de máquinas de escrever, os computadores tivessem sido banidos sob a alegação de que muitos empregos seriam perdidos. É verdade que isso aconteceu, mas muitos outros foram criados, graças à inovação tecnológica representada pelos computadores. E não estamos nos referindo apenas ao número de novas profissões especializadas nessa tecnologia, mas aos ganhos de produtividade em todas as áreas da economia. Hoje somos mais ricos graças a pessoas como Steve Jobs e Bill Gates. Inovar, então, é destruir ou modificar o que já existe, para criar algo melhor que aumente nossa qualidade de vida. Todo inovador é um empresário ou empreendedor que cria mais valor social. Sua bússola é o lucro e o prejuízo, que cumpre o papel social de indicar quando os escassos recursos disponíveis na sociedade são bem ou mal utilizados, segundo as avaliações subjetivas das pessoas. Um inovador que ganha dinheiro faz um bom trabalho, se o perde é porque o faz mal, ou seja, empobrece a sociedade ou não a enriquece na medida em que outro empresário com os mesmos recursos faria. Se, por exemplo, um empreendedor cria um sistema de entretenimento que deixa lucros baixos porque a sociedade exige mais produção de alimentos, então verá que investir os mesmos recursos em outra área será muito mais lucrativo. Ele provavelmente abandonará seu projeto antes de ter prejuízos, ou então sairá porque não consegue encontrar capital para investir porque a rentabilidade de seu projeto será baixa em comparação com a rentabilidade dos outros projetos. Como consequência, não lhe emprestarão dinheiro ou o farão a uma taxa de juros tão alta que tornará menos lucrativo dedicar recursos ao entretenimento. E é que, as taxas de juros em um mercado não intervencionado pelos bancos centrais, são um preço que comunica o nível de recursos disponíveis para investir, obrigando-os a alocá-los onde são mais necessários. Isso leva a que as capacidades inovadoras dos empreendedores sejam aplicadas onde criam maior valor social, introduzindo novas tecnologias ou formas de produção, muitas das quais deixarão as existentes fora do mercado.

LIÇÃO 14:
Comerciar Nos Enriquece

Em um mundo globalizado com livre comércio, ou seja, com mercados que se estendem por todo o planeta, as inovações que ocorrem no Japão ou na Suíça beneficiam a todos. A América Latina, por exemplo, utiliza tecnologias que vão desde automóveis e computadores até medicamentos e máquinas de vários tipos. Nada disso foi inventado na América Latina e, no entanto, a região pode usá-los porque são importantes. Em outras palavras, um japonês ou suíço que inova não apenas enriquece sua própria comunidade, mas todo o planeta. Perdemos as oportunidades de criação de valor que os empreendedores europeus ou asiáticos detectam ao proteger os empreendedores mais ineficientes de nossos países por meio de proibições de importação ou altos impostos que tornam os produtos importados pouco competitivos. Na prática, proibir ou restringir a importação de automóveis, por exemplo, para "proteger" a indústria nacional equivale a entregar o monopólio da produção aos produtores nacionais. Isso significa que eles não têm maiores incentivos, nem a necessidade de oferecer produtos melhores e mais baratos. Isso porque se atrofia o processo de descoberta que somente a concorrência em um mercado aberto torna possível e inevitável.

Como resultado, toda a sociedade fica empobrecida, pois não se pode cooperar da forma mais eficiente possível com os consumidores. Não faltarão vozes que dirão que a inovação da automotiva japonesa destruirá empregos no país, pois levará a indústria nacional à falência. Isso é certo, mas serão criados muitos outros empregos que não existiam antes, como: distribuidores, mecânicos, secretários, fornecedores e outros que surgirão quando as importações livres forem permitidas. Mas, além disso, os preços dos carros vão cair, permitindo que mais pessoas comprem carros mais baratos, o que os deixará com dinheiro para gastar em outras coisas, estimulando outras áreas da economia e mais empregos. Além disso, melhores caminhões, ônibus e vans promoverão transporte, frete, turismo e muitos outros negócios que aumentarão a riqueza geral. Sem importações e com os altos preços dos carros produzidos internamente, muitos empresários não conseguiam abrir negócios porque os custos eram altos. Agora, para citar um caso, em um campo distante a colheita será mais lucrativa porque será mais barato transportá-la graças a veículos com maior eficiência de combustível, maior capacidade de carga e menos falhas. O mesmo acontecerá com o transporte de passageiros, que se popularizará com ônibus mais baratos, seguros e eficientes. Haverá literalmente centenas ou milhares de novos negócios que poderão surgir porque os custos dos meios de transporte foram reduzidos e sua variedade se multiplicou, sendo também menos poluentes; e tudo graças ao fato de que o mercado aberto com o Japão permitiu que os habitantes locais usufruíssem da inovação de sua indústria automotiva.

 O protecionismo comercial, visto à luz deste exemplo simples, é absurdo porque nos impossibilita de nos beneficiar do talento inovador de outros. Impedir a chegada de carros inventados por engenheiros do Japão é o mesmo que proibir engenheiros locais — se existirem — de criar carros melhores e mais baratos. Se essa é uma economia subdesenvolvida, ter a opção de ingressar em uma economia desenvolvida por meio do livre comércio e não a escolher é o mesmo que preferir permanecer subdesenvolvido. Inovar sempre significará destruir para criar algo melhor e, seja no mercado local ou no exterior, o efeito de enriquecimento para todos se produz da mesma forma nos mercados livres, ou seja, mercados sem restrições internas ou externas que dificultam a concorrência como um processo de descoberta.

Mas como você paga as importações — seja de veículos ou qualquer outra coisa — de um país para outro? A resposta é que estes são pagos através das exportações. Afinal, economicamente, comprar de outro país é exatamente o mesmo que comprar no mesmo país. A venda é sempre uma relação de troca onde quem compra ao mesmo tempo vende, pois como vimos na terceira lição, quem demanda é sempre um fornecedor e quem oferece é sempre um demandante. Se a Argentina, por exemplo, exige carros do Japão, deve pagar oferecendo, digamos, produtos agrícolas. Como vimos em relação ao escambo, a Argentina poderia enviar o grão diretamente para os japoneses em troca de carros, mas uma economia monetizada é mais complexa. O dinheiro resolve dupla correspondência, divisão e outros problemas. No nível internacional, um meio universalmente aceito é estabelecido e usado para o comércio. No mundo de hoje, é o dólar americano ou o euro na União Europeia. Isso significa que a Argentina vende seus grãos nos mercados internacionais, recebe o dinheiro e com esse mesmo dinheiro compra carros do Japão. Assim, embora os japoneses não queiram grãos, recebem os dólares da Argentina e com eles adquirem produtos em qualquer outro lugar. A graça do dinheiro é justamente que serve para fazer trocas indiretas, permitindo-nos escapar da economia do escambo. Tampouco essas transações são feitas por países, já que o comércio é feito entre pessoas e não entre estados. O agricultor argentino vende grãos, recebe dólares e vende esses dólares em seu país onde outras pessoas os exigem para poder comprar coisas importadas como carros, aviões, máquinas, alimentos etc. Se olharmos bem para esse cenário, entendemos que, por definição, é impossível que as importações arruínem a economia de um país levando a indústria nacional à falência, como se costuma dizer. Sempre que algo é comprado do exterior, ao mesmo tempo algo está sendo vendido ao exterior, caso contrário, nada pode ser comprado. Por outro lado, podemos dizer que um país que produz zero pode exigir zero no exterior porque, não produzindo nada, não pode comprar nada. Se já produz algo que outros fora do país querem, então pode vendê-lo para comprar também o que precisa no exterior. O comércio é o mesmo mercado local, mas estendido a outras regiões e, portanto, essencial para o enriquecimento geral. E é que, assim como o processo de troca local nos permite especializar no que temos de melhor para criar mais valor para o resto da sociedade, o processo de troca global reafirma esse princípio de divisão do trabalho, levando a um uso ainda mais eficiente dos recursos planetários. Devemos enfatizar este último ponto usando outro exemplo. Um agricultor do sul do Chile talvez pudesse produzir um vinho de qualidade média que lhe desse certo nível de utilidade no mercado. No entanto, como o clima não é o mais adequado para a produção de vinho e é para a produção de leite, se ele se dedicar a este último, sua margem de lucro será maior, pois terá que incorrer em menos custos e obterá uma maior produção. Ao mesmo tempo, na zona central do país, onde é possível produzir leite com certo lucro, o clima é ideal para a produção de vinho e é muito mais rentável do que produzir leite. O lógico então será que a região central concentre a produção de vinho e a região sul concentre a produção de leite, porque assim haverá mais vinho e leite de melhor qualidade para todos. Em outras palavras, se um agricultor no Sul custa US$ 10 para produzir um litro de vinho e ele pode vendê-lo por US$ 13 , mas custa US$ 6 para produzir um litro de leite e ele o vende por US$ 14, então claramente lhe convém produzir leite, pois para cada litro de leite terá uma margem de $US 8 (14-6) enquanto no vinho sua margem será de US$ 3 (13-10).

Seguindo a mesma lógica, no centro custa US$ 8 para produzir um litro de vinho e ele pode vendê-lo por US$ 15, enquanto produzir um litro de leite custa US$ 11 e ele pode vendê-lo por US$ 16, então o mais lucrativo seria produzir vinho, já que cada litro lhe dará uma margem de lucro de US$ 7 (15-8) contra US$ 5 (16-11) que um litro de leite lhe dará.

E se o sul produz apenas leite e o centro apenas vinho, e supomos que a produção é de 1 mil litros por semana em cada região, então a riqueza do sul será de US$ 8mil (8x1.000) e a do centro US$ 7 mil. (1.000x7) dando um resultado total de US$ 15 mil por semana de enriquecimento social. Se eles fizerem o contrário e o sul produzir vinho e o centro produzir leite, o aumento da riqueza será de apenas US$ 8 mil por semana, que seria o resultado do lucro de US$ 3 mil do sul mais o lucro de US$ 5 mil do centro de acordo com os custos indicados anteriormente. Isso acontecerá se ambos comercializarem produzindo o que não possuem, o que os economistas de salão chamam de "vantagens comparativas", conceito que se refere justamente à vantagem produtiva de um determinado bem ou serviço que se possui em relação a outro. Em outras palavras, mesmo com o livre comércio, se não se especializam no que são melhores e mais eficientes, uma riqueza potencial significativa será perdida. Felizmente, isso não costuma acontecer, pois, como é natural, as partes que trocam, buscam aumentar seus lucros, então se especializam automaticamente no que lhes é mais lucrativo quando há oncorrência e livre comércio. Este também é o caso quando uma região é mais produtiva do que outra em ambas as classes de bens.

Assim, por exemplo, se o centro do Chile pudesse produzir leite e vinho a custos mais baixos do que o sul, mas a margem de lucro de produzir apenas vinho fosse maior do que a de produzir ambos, seria melhor produzir apenas vinho e deixar a produção de laticínios no sul daquele país. A riqueza total da sociedade aumentará adicionando a margem de lucro do centro com as do sul em um esquema especializado. Se o centro ganhasse US$ 7 por litro de vinho produzido e o sul ganhasse US$ 3 e, ao mesmo tempo, o centro ganhasse US$ 5 por litro de leite e o sul US$ 4, isso significaria que com uma produção total de 1 mil litros por semana, realizada no centro onde metade é vinho e metade é leite, o lucro seria de US$ 3,5 mil para o vinho (500x7) e $US 2,5mil (5x500) para o leite. Isso daria um valor total de US$ 6mil de lucro para o centro por semana de produção.

Se, em vez disso, o centro produzisse apenas vinho, o lucro total seria de US$ 7 mil por semana (7x1.000). O sul, no entanto, se produzisse a mesma quantidade de litros de vinho e leite que o centro, com as margens de lucro descritas, teria um lucro de US $1,5 mil (3x500) pelo vinho produzido e US$ 2 mil (4x500) pelo leite, o que lhe daria um total de US$ 3,5 mil em criação de riqueza semanal para a região. Se ele produzisse apenas leite, essa riqueza aumentaria para US$ 4 mil por semana (4x1.000). Assim, se o centro e o sul se especializassem em produzir aquilo em que são mais eficientes, a riqueza total do país passaria de US$ 9,5 mil por semana (6.000 + 3.500) no primeiro cenário sem especialização completa, para US$ 11 mil por semana no segundo. Isso, é claro, só pode acontecer com o livre comércio que permite que as regiões se beneficiem da troca do que produzem.

No entanto, muitos fatores afetam a determinação das vantagens comparativas, desde clima e geografia até capital humano. Os neozelandeses são especialistas na produção de ovinos justamente porque possuem todas as condições ambientais para desenvolver essa indústria. Seria absurdo pretender que, por exemplo, a Arábia Saudita entrasse para concorrer no mesmo negócio. Este, ao invés de um caso de vantagem relativa, seria um caso de vantagem absoluta, porque é simplesmente impossível para a Arábia Saudita competir com a Nova Zelândia na produção de ovelhas — uma vez que mal pode produzi-las, assim como seria impossível para a Nova Zelândia competir com a Arábia Saudita na produção de petróleo. O lógico, então, é que ambos os países se especializem no que podem fazer bem e, em seguida, comercializem um com o outro.

Este exemplo confirma que apenas o mercado livre estendido, ou seja, o comércio internacional, permite que os países se beneficiem da especialização — divisão do trabalho — de outros países. Se a Arábia Saudita proibisse a importação de carne da Nova Zelândia, destruiria completamente o processo de enriquecimento que, para sua população, se seguiria à capacidade dos neozelandeses de produzir carne de ovelha a um bom preço. Além disso, sem o livre comércio, a Nova Zelândia veria sua indústria de carne ser reduzida ao mínimo, pois não teria mais ninguém para vender essa carne além de sua própria população. Por se tratar de um mercado pequeno, a demanda seria muito menor, o que levaria a demissões, menos ovelhas criadas, menos capital investido, menos tecnologias associadas ao negócio desenvolvido, menos oferta e assim por diante. Não apenas a Arábia Saudita ficaria então empobrecida por seu protecionismo, já que não teria mais acesso à carne, mas a Nova Zelândia sofreria com o protecionismo da Arábia Saudita. Mas se o protecionismo fosse a regra geral, a Arábia Saudita também não poderia exportar um único litro de petróleo, o que os faria viver na miséria total, porque se não pudessem vender nada, também não poderiam comprar — importar — nada. Seu petróleo só é útil se puderem exportá-lo para comprar — importar — o que não produzem lá.

Assim como deve haver livre comércio entre as regiões de um mesmo país, pois isso permite que elas se beneficiem da especialização de cada região, como vimos com o exemplo do vinho e do leite, o comércio entre países significa que a quantidade de riqueza disponível para todos aumenta, permitindo-nos aproveitar nossas vantagens relativas e nossas vantagens absolutas. E, assim como seria absurdo dentro de um mesmo país estabelecer fronteiras para proteger a indústria regional da concorrência de outra região, medidas protecionistas entre países também são absurdas. Em ambos os casos, toda a sociedade fica empobrecida, o que é efetivamente resultado de políticas de substituição de importações ou de restrição ao comércio. Isso inclui barreiras legais ou tarifárias que tornam os produtos importados tão caros que não são mais competitivos. A consequência é que apenas pessoas muito ricas podem comprar carros japoneses ou produtos importados, enquanto o restante deve usar transporte público medíocre ou, no máximo, comprar carros produzidos localmente, de qualidade inferior e mais caros do que os importados seriam sem tarifas. Tudo isso para evitar o intercâmbio entre pessoas e empresas de diferentes regiões, chamadas de países.

LIÇÃO 15:
Os Luxos de Hoje São as Necessidades de Amanhã

Todo bom economista de rua entende que o mercado e a inovação possibilitam o surgimento de novos produtos, que inicialmente estão ao alcance de poucos que podem comprá-los. Isso costuma provocar certa inveja e estimular ideias que buscam eliminar essas diferenças sob o pretexto de que seriam injustas. Se diz também que hoje temos muitas coisas desnecessárias, supérfluas e que constituem luxos que corrompem nossa integridade moral ou espiritual. Essas visões são falaciosas e as políticas de punição de bens de luxo que são aplicadas por razões de justiça social só prejudicam as massas. De fato, como vimos em lições anteriores, um inovador detecta espaços de criação de valor para introduzir novos processos ou tecnologias que atendam às necessidades da população. O automóvel, por exemplo, surge da evidente necessidade de transporte de pessoas e que, até antes de sua invenção, era basicamente coberto por cavalos e carruagens. Sem dúvida, o carro fez com que muitos dos fabricantes de carruagens falissem, pois essa tecnologia rudimentar foi substituída por uma melhor, que também criou muitos empregos. Mas também é fato que os primeiros automóveis, tendo sido extremamente caros de produzir, eram bens muito raros que apenas alguns bilionários e aristocratas podiam comprar. Para muitos, os automóveis eram um luxo da elite, um assunto totalmente desnecessário, pois carruagens e cavalos cumpriam o trabalho que essas estranhas máquinas pretendiam desenvolver. No entanto, se aqueles poucos muito ricos tivessem sido proibidos de comprar automóveis, nunca haveria um mercado que permitisse canalizar recursos para seus produtores a fim de melhorar a tecnologia e os processos para reduzir os custos de fabricação. Na medida em que alguns consumidores excêntricos compraram os primeiros carros, a fabricante conseguiu obter recursos para aumentar a produção. Isso permitiu baixar um pouco o preço de venda dos carros, facilitando a outros, que antes não podiam comprá-los, a possibilidade de adquiri-los. Foi assim que o processo se desenvolveu, até que Henry Ford teve a ideia de inventar a montagem online, conseguindo produzir em massa o Ford T, que agora poderia ser comprado por cidadãos comuns. Por sua vez, essa produção em massa se espalhou pelo mundo levando a uma verdadeira revolução que acabou com o cavalo e as carruagens como meio de transporte para as massas. Neste mundo novo, mais moderno, o automóvel deixou de ser um luxo e passou a ser uma necessidade, pois sem ele a crescente vida urbana, o transporte de alimentos, até as colheitas agrícolas se tornariam impossíveis. Hoje em dia muitas pessoas têm um carro por serem baratos e pode-se dizer que ter um cavalo é o verdadeiro luxo. Como são dinâmicos os conceitos de luxo e necessidade.

A lógica que se aplica ao automóvel também se aplica a todas as tecnologias e inovações. Uma das áreas mais controversas é a da saúde. Medicamentos ou vacinas custam centenas de milhões de dólares para serem desenvolvidos, e é por isso que geralmente são caros quando entram no mercado. Como é evidente, quem tem mais recursos pode acessá-los primeiro, o que para muitos que não entendem os processos de mercado, é uma desigualdade intolerável. No entanto, é fundamental que poucos tenham acesso ao medicamento primeiro para que os recursos fluam para sua produção e estes possam então ser massificados, tornando-se acessíveis e financiáveis a todos. Se, por fatores emocionais, como a inveja, se decidisse que não é justo que poucos comprem o medicamento, não haveria possibilidade de a produção em massa beneficiar a maioria. Certamente isso significa que durante o período de espera muitas pessoas morrerão, o que é trágico. Mas décadas atrás muitas pessoas morreram de doenças que hoje são completamente tratáveis, justamente porque não existia a tecnologia médica para se desenvolver vacinas e terapias. Foi a inovação e a possibilidade dessas empresas gerarem lucros, através da criação de valor social, que levaram à possibilidade de oferecer tratamentos a preços cada vez mais baratos. Infelizmente, não existe uma fórmula mágica para resolver os problemas de todos ao mesmo tempo, e certamente é preciso cabeça fria para entender que, se nos deixarmos guiar por uma falsa ideia de igualdade, impediremos que os inovadores façam seu trabalho e terminaremos condenando mais pessoas a morrer de doenças.

Alguém poderia pensar que se o controle dessa área fosse assumido pelo Estado, todos teriam acesso a medicamentos e outros bens. Essa era precisamente a promessa do socialismo, que se dizia mais eficiente na produção de riqueza do que o mercado. No capítulo sobre preços já vimos que, pela impossibilidade de um mecanismo central de transmissão de informações, é inviável que um planejador tenha o conhecimento necessário para saber o que produzir, em que quantidade e com qual qualidade. Mas, além disso, os funcionários do estado não têm conhecimento prático ou local, que está espalhado entre milhões de pessoas que colaboram entre si descobrindo o que os outros precisam. Tampouco têm os incentivos necessários para inovar, já que em uma organização estatal não há propriedade privada das invenções. Isso explica por que em todas as áreas tecnológicas, apesar de alguns sucessos alcançados pela União Soviética na Guerra Fria, os países socialistas eram muito mais atrasados e mais pobres que os capitalistas.

O que devemos destacar, então, é que só o mercado realmente promove a inovação e que esta geralmente está associada a invenções que, a princípio, são consideradas luxos excêntricos acessíveis a poucos, mas depois, graças ao fato de que aqueles poucos com mais recursos podem gastar dinheiro para adquiri-los, eles acabam se massificando. Praticamente tudo o que foi criado e que usamos massivamente hoje começou como um luxo para poucos. Até comer três vezes ao dia era um luxo até a Revolução Industrial massificar a produção de alimentos, eliminando a fome que afetava a maioria da população nos países desenvolvidos de hoje. No mundo atual, todos nós experimentamos a queda dos preços de bens e serviços graças ao mercado e é nas áreas onde o governo intervém com regulamentos, tarifas alfandegárias e outras medidas, que essas quedas de preços cessam. Apesar disso, se não destruirmos a liberdade de criar e trocar, a inovação continuará avançando em todas as frentes, permitindo aumentos na qualidade de vida das massas jamais imaginados. Se, em vez disso, os povos abraçarem promessas populistas de melhoria instantânea e luta de classes para evitar que uns sejam melhores que outros, será destruído o processo de progresso social de que só o mercado, ou seja, o "inovacionismo", é capaz de gerar.

Conclusão

Um economista de rua que tenha entendido as lições anteriores não pode deixar de concluir que, os seres humanos, quando podemos desenvolver as capacidades de nosso espírito e nossos talentos em liberdade, elevamos nossa vida e a dos outros. A grande lição que uma compreensão profunda da economia nos deixa é que não há necessidade de uma autoridade ou um poder central que nos diga o que devemos fazer ou pretenda direcionar nossas atividades para nos enriquecer. Condições básicas de ordem que nos proporcionem a paz necessária para não temer pela integridade de nossas vidas e posses, e uma cultura que encoraje e recompense o sucesso, é tudo o que é necessário para gerar progresso. O progresso dos povos sempre foi liderado por poucos empreendedores, mas acompanhado por grandes maiorias que abraçam os valores e ideias em que esse progresso se baseia. É a busca do bem-estar pessoal e familiar neste contexto, que deriva, mesmo sem intenção, em maior bem-estar comunitário e não na intervenção imposta por políticos e funcionários do Estado, para fins de igualdade, justiça social. ou progresso forçado. Onde os poucos não têm permissão para se elevar muito acima dos muitos, torna-se impossível para muitos se elevarem acima de seu próprio *status*. A elevação geral se produz graças à ordem espontânea do mercado, que nada mais é do que a livre interação de milhões de pessoas tomando decisões sobre o que querem consumir, em que quantidade e qualidade, e no que preferem investir e trabalhar. Em última análise, toda essa ordem social repousa, como sabe um bom economista de rua, na confiança que os cidadãos têm em si mesmos para progredir. A redistribuição de recursos, salários mínimos, altos impostos, estados hipertrofiados e diversas regulamentações, feitas em nome da justiça social e da proteção dos mais fracos, muitas vezes impedem o progresso daqueles que mais precisam. Estes não apenas produzem dificuldades e incentivos perversos, mas também sociedades que tolhem a capacidade criativa de seus membros, entorpecendo seu desejo e sua capacidade de lutar para melhorar sua situação. Como resultado, o espírito inovador desaparece, o dinamismo esmorece e surge a esclerose econômica, alimentando o pântano do conflito político e social. Todo esse destino, tão típico na América Latina é, no entanto, evitável se cada cidadão tiver as ferramentas para compreender, em termos gerais, as forças da harmonia econômica que permitem o florescimento humano. Isso só pode acontecer quando o populismo, a demagogia, os discursos de luta de classes e as políticas estatistas forem significativamente reduzidos. Para evitar que essas ideias nocivas se espalhem, é essencial que os cidadãos sejam bons economistas de rua, pois será o seu conhecimento nesta área que lhes fornecerá anticorpos mentais — argumentos — para não serem enganados. Se há uma lição que a história mostra, é que, em todos os tempos, houve demagogos que exploraram em benefício próprio a inveja de certos grupos e as boas intenções de pessoas ingênuas e sonhadoras que, por ignorância econômica, acabam apoiando ideias que prejudicaram precisamente aqueles que deveriam ajudar.